主は「たとえ」で語られた

vol.1

澤田 豊成 著

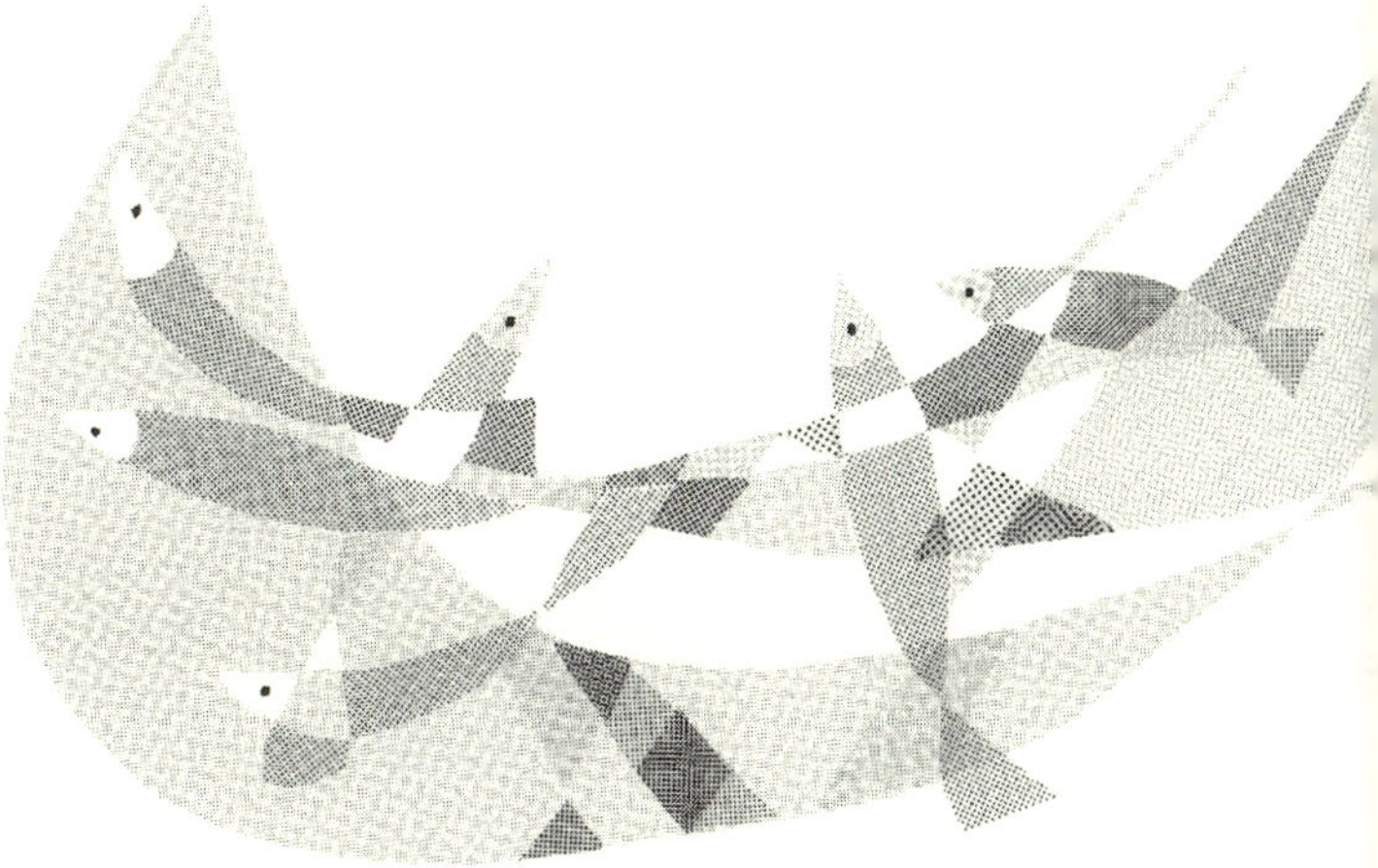

サンパウロ

「たとえ」で語るということ

福音書を読むと、イエスが実にたくさんの「たとえ」を語られたことが分かります。よく知られているものを挙げるだけでも、放蕩息子のたとえ、善いサマリア人のたとえ、迷い出た羊のたとえ、タラントンのたとえ、からし種のたとえ、種を蒔《ま》く人のたとえ、などたくさんあります。ただ多いだけではありません。イエスは神の国の神秘や神のなさり方について語るときに、必ずと言っていいくらいたとえを用いて教えるのです。マルコ福音書は、「イエスは……喩えなしには語られなかった」（4・33－34）とまで記しています。ですから、わたしたちがイエスの教えを理解しようとすれば、どうしてもイエスのたとえと向き合う必要があります。そこで、イエスのたとえを皆さんと一緒に読み深めてみたいと考えました。

さて、具体的にたとえを読み深める前に、なぜイエスがたとえで語られるのかを考えてみることにしましょう。よく言われるのは、心の鈍いわたしたちの理解を助けるためにイエスがたとえを用いられたということです。つまり、神の国の神秘は人間にとってとても難しいことなので、イエスはまず初心者向けにたとえという平易な手段を用いたということです。

しかし、もしそうだとすると、おかしなことがあります。それは、イエスがたとえを語られるとき、いくつかの例外を除いて、たとえの説明をしてはおられないということです。たとえ自体は、「たとえ」にすぎないため、メッセージが明確であるとはかぎりません。だから、分かりやすくしようとするなら、まず言いたいことを説明したうえでそれを何かにたとえるか、あるいはたとえを語った後でそのたとえの意味を説明するか、いずれにしても説明が必要です。しかし、イエスはほとんどの場合、たとえだけを語り、その意味を説明してはくださいません。これでは、たとえを語っても分かりやすくはなりません。

たとえば、からし種のたとえ（マルコ4・30－32）の場合、からし種が土に蒔かれるときにとても小さな種であるように、神の国は最初は人々に気づかれないものだと言おうとしているのか、それともからし種が成長するととても大きくなるように、神の国も最後には非常に大きなものとなると言おうとしているのか、あるいは種と成長した木の対比が非常に大きいように神の国も想像を超えるような成長を遂げると言おうとしているのか、さらにはそれ以外のことを言おうとしているのか、たとえだけではとてもあいまいなのです。にもかかわらず、イエスはそれ以上の説明をしようとはしません。

むしろ、イエスが神の国や救いの神秘についてはっきりと定義し、その特徴を明確に述べてくださったほうが、あるいはそうしたうえでたとえを語ってくださったほうが、わたしたちにとってはどんなに分かりやすいことでしょうか。しかし、イエスがそうなさらないのだとすると、どうやら聞く側の理解を助けるためにたとえを語られるのではなさそうです。ではいったい、なぜイエスはたとえで語られるのでしょうか。

そこで、わたしたちはイエスが神の国や救いについてあえて直接的な言葉で定義なさらなかったということに注目したいと思います。イエスは、神の国の神秘が言葉で定義し、知識として理解するといった類のものではないことを強調なさりたかったのではないでしょうか。神の国は知識としての理解にとどまるものではなく、もっと深いものであり、そのことを伝えるためにイエスは「たとえ」という手段を用いられたのではないでしょうか。

そうすると、神の国についてたとえで語る、そしてそれを受け止めるとは、どういうことを意味するのでしょうか。たとえはまず、誰でもが知っているような日常の事柄を取り上げることによって、日々の生活に目を向けさせます。それは、まるで神の国がどこか自分と遠いところにあるのではなく、誰もが生きていくうえで向き合わざるを得ない日常の生活と深くかかわりのあるものであり、この日常の生活の中にこそ神の国を探さなければならないということを示しているようです。

また、たとえは知識だけに訴えるものではありません。たとえば、前述のからし種のたとえの場合、種の小ささと成長した後の大きさの対比を目にしたときの人々の驚きに訴えています。いったいどうしてこんな小さな種から大きな木が育つのだろうか。理解を超えるものに対する大きな驚き。わたしたちは神の国の成長を目の当たりにするとき、きっとこのような驚きを抱くに違いない……。たとえは、神の国が、頭で理解するだけではなく、驚きや喜び、悲しみといった感情、心の動き、体など自分のすべてを使って感じ取るべきものであるということを示しているようです。

さらに、たとえは、前述したとおり、すぐにその意味が明確になるわけではありません。たしかにある程度の意味は明らかになります。しかし、そのたとえが本当に何を言おうとしているのかは、聞いた本人が自分自身に当てはめながら考えていかなければ、導き出されることがないのです。理解したと思っては、さらにもっと深い意味があることに気づかされる、神の国の神秘もそのようなものなのでしょう。

イエスのたとえは行動を促すものであるという点でも特徴的です。その典型的なものは、善いサマリア人のたとえです（ルカ10・25－37）。イエスは、律法の専門家の「わたしの隣人とは誰ですか」（10・29）との問いに対する答えとして、このたとえを語られます。そして最後に、イエスは「行って、あなたも同じようにしなさい」（10・37）と言われます。隣人の定義をしようとする律法の専門家に対して、イエスは隣人愛を生きることを求められるのです。神の国について知識として知るだけでは不十分で、それにふさわしい生き方をしなければならない、いや神の国の神髄に触れた人は当然それにふさわしい生き方をしないではいられないはずだ、ということを述べているわけです。このように、イエスのたとえは、聞く人を必然的に神の国にふさわしい生き方へと駆り立てるものです。

たとえは、神の国の神秘、救いの神秘の奥深さを豊かに伝えるものです。わたしたちは、たとえと向き合うことによって、神の国が日々の生活を生きるわたしたちの中に徐々に浸透していることを感じ取り、わたしたち自身もその意味を探り、これにふさわしく生きるよう駆り立てられていることに気づかされるのです。

目次

目　次

迷い出た羊のたとえ（マタイ18・10－14）と見失った羊のたとえ（ルカ15・1－7）

「あなた方はこれらの小さな者の一人をも、軽んじないように気をつけなさい。あなた方に言っておく。彼らのみ使いたちは天にいて、天におられるわたしの父の顔をいつも仰ぎ見ているからである。あなた方はどう思うか。ある人が百匹の羊を飼っていて、そのうちの一匹が迷い出たとすれば、その人は九十九匹の羊を山に残して、迷った一匹の羊を捜しにいかないであろうか。そして、もしそれを見つけたなら、――あなた方によく言っておく――その人は迷わなかった九十九匹の羊よりも、その一匹のことを喜ぶであろう。このように、これらの小さな者が一人でも滅びることは、天におられるあなた方の父のみ旨ではない」（マタイ18・10－14）。

さて、徴税人や罪人《つみびと》たちがみな話を聞こうとして、イエスのもとに近寄ってきた。すると、ファリサイ派の人々や律法学者たちは、「この人は罪人たちを受け入れて、食事をともにしている」とつぶやいた。そこで、イエスは彼らに次の喩えを語られた。
「あなた方のうちに、百匹の羊を持っている者がいるとする。そのうちの一匹を見失ったなら、九十九匹を荒れ野に残して、見失った一匹を見つけ出すまで、跡をたどって行くのではないだろうか。そして見つけ出すと、喜んで自分の肩に乗せて、家に帰り、友人や近所の人々を呼び集めて言うだろう、『一緒に喜んでください。見失ったわたしの羊を見つけましたから』。あなた方に言っておく。このように、悔い改める一人の罪人のためには、悔い改めの必要のない九十九人の正しい人のためよりも、もっと大きな喜びが天にある」（ルカ15・1－7）。

本書の導入の中で、救いに関する神秘は知識として身につければよいというものではなく、日々の身近な体験の中で味わい深めていくべきものであり、自分自身の生活の中で理解していくべきものであるということ、そしてわたしたちがこのような救いの神秘に分け入っていくことができるようにイエスはたとえで語られたのであろうということを述べました。しかし、イエスの言葉、イエスのたとえを自分自身の生きる場に当てはめて読み取ろうという歩みは、すでに福音書が記されていく過程でおこなわれていました。マタイ福音書、マルコ福音書、ルカ福音書、ヨハネ福音書が記された教会は、それぞれが置かれていた場の中でイエスのメッセージを読み取ろうと努めました。このため、イエスが語られた同じたとえが異なる形で理解されることもありました。どちらかが正しくてどちらかが間違っているということではなく、このたとえがもともと持っていた多様なメッセージがそれぞれの場に生かされていったのです。

その一つの例が、「迷い出た羊のたとえ」（マタイ18・10－14）と「見失った羊のたとえ」（ルカ15・1－7）です。たとえ自体は短くて簡単なものです。ある羊飼いが百匹の羊を飼っていて、そのうちの一匹がいなくなってしまったとすれば、羊飼いは九十九匹を置いてその一匹を捜しにいかないだろうか。そして、もし見つかったら、そのときの喜びはどれほど大きなものだろうか、というものです。

日本では羊を飼う光景をほとんど目にすることができませんが、ユダヤ人にとってそれはごく日常的な光景でした。羊飼いは羊に草を食べさせるため、毎日羊を連れて野原に出ていました。たくさんの羊を一人の羊飼いが見るわけで、群れから迷い出てしまいそうになる羊もいたことでしょう。このたとえはそこに目をつけます。

あるとき、本当に一匹の羊がいなくなってしまいます。外は危険でいっぱいです。獲物に飢えた狼が待ちかまえているのです。一刻の猶予もなりません。いったいどこでいなくなってしまったのだろうか。もう襲われてしまったのではないだろうか。たとえを聞いていた人は自分を羊飼いに重ね合わせて心配したことでしょう。そして羊が見つかったときの大きな喜びをも共感したことでしょう。よく、手のかかる子ほどかわいいと言いますが、そういう子が立派に育ったときに親が感じる、えも言われぬ喜びと比べることができるかもしれません。

さて、マタイでもルカでも記されているたとえは同じです。しかし、たとえに与えられている意味は異なっています。ルカの「見失った羊」のたとえは、ファリサイ派の人々や律法学者たちからの非難に対するイエスの答えとして語られています。彼らは、イエスが徴税人や罪人たちと食事まで一緒にしていることを非難します。一緒に食事をするということは、同じ食物から命の糧を分け合うこと、つまりその人とすべてを分かち合うことを意味していました。罪人と食事をともにすれば、その人の罪を共有するため、自分も罪人となり、神の救いに入れないだけでなく、イスラエルの民は神と契約の関係にあるため、みずからの罪が神にまで伝わってしまい、神を冒瀆《ぼうとく》することになると考えられていました。したがって、この神への冒瀆を避けるため、ファリサイ派の人々や律法学者たちは決して罪人と食事をしませんでした。

そこで、イエスはこのたとえを語ります。神にとっては、罪人も同じ羊であって、見捨てられてもよい人、神の群れから除外されてもよい人など存在しない。むしろ、群れからいなくなってしまった人がいれば、神は自分からその人を捜しに行かずにいられない方である。罪に汚されてしまうことなど気になさる方ではない。だからこそ、その人が見つかれば（悔い改めれば）大きな喜びがある。ファリサイ派の人々や律法学者たちは神への冒瀆を避けるために罪人を避けると言うが、もし神の思い、神のなさり方を理解していれば、イエスこそ神の望みを具体的に実践していることを理解するはずであり、彼ら自身もイエスに倣って罪人の中に入っていくはずだ、と。

一方、マタイの「迷い出た羊」のたとえは、弟子たちの共同体に対する一連の教えの中で語られています。つまり、ここで言う「迷い出た羊」とは、救いから外れている罪人や徴税人のことではなく、すでにキリストを信じて洗礼を受けた人々のことなのです（18・6「わたしを信じるこの小さな者の一人」）。教会の中にも小さな人、迷い出てしまった人がいます。この「小さな人」というのは、貧しい人、病気の人、弱い人だけを言うのではありません。信じてはいるけれども理解の遅い人や、自分の考え方やこれまでの慣習にとらわれて教会の歩みについていけない人、すぐに罪を犯してしまう人、問題を起こしてしまう人、共同体の和を乱してしまう人、こういう人々も教会内の「小さな人」です。

ともすると、こうした人々は教会の中で脇へ追いやられたり、あるいは放っておかれたりします。しかし、彼らも神にとっては同じように大切な羊なのです。だから、神は彼らを放っておくことができません。彼らが群れに戻って来ることができるように、みずから彼らのもとに赴かれるのです。この神の思いを理解していれば、信者一人一人、特に指導者たちは教会内のこの「小さな人々」に対して同じようにふるまうはずです。

このように、同じたとえから出発しながら、マタイは教会内の小さな人々に対するメッセージを、ルカは救いから除外されていると考えられていた人々に対するメッセージを読み取りました。このことは「迷い出た羊」、「見失った羊」が指す対象の広さを示唆しています。このたとえを通して、わたしたちはいなくなってしまった羊も神の子であること、だから神はこのような羊を捜し求めずにはいられない方であるということを悟り、同じ神の子、兄弟としてこの「小さな人々」が救いに入ることができるように力を尽くします。しかし、わたしたちはこの「小さな人々」が教会の外にも中にもいるということ、またいろいろな意味で「小さな人々」がいるということを忘れてしまうことがあります。こうして、教会の中にいる苦しむ人、弱い人を温かく支え励ます一方で、教会の外にいる疎外された人々に対して冷たい態度を取ったり、敬遠したり、意図的ではないにしても彼らを排除してしまうことがあります。また逆に、教会の外で貧しい人々のために熱心に働く一方で、教会の中にこうした動きや呼びかけについてこれない人々、反発する人々といった小さな人々がいると、厳しく批判したり切り捨てたりしてしまうことがあります。彼らの弱さを受け入れることができないのです。たしかに「小さい人々」を大切にしているのに、別の「小さい人々」をないがしろにしてしまうのです。

いろいろなところに、いろいろな意味で、「小さな人々」がいます。神はそれがどのような意味で「小さな人」なのかを問うことなく、その人を救おうとなさいます。わたしたちも、この神のなさり方に倣って、分け隔てなく、すべての「小さな人々」に心を開き、彼らの救いのために働くよう招かれているのです。

種を蒔く人のたとえ（マルコ４・２－８）

イエスは喩えをもって多くのことを教えられたが、その中でこう仰せになった、「聞きなさい。種を蒔く人が種を蒔きに出ていった。すると、蒔いているうちに、ある種は道端に落ち、鳥が来てそれを食べてしまった。ある種は土の薄い岩地に落ちた。そこは土が深くなかったので、すぐに芽は出したけれども、太陽が昇ると焼けて、根がないために枯れてしまった。ある種は茨の中に落ち、茨が伸びてそれを覆いふさいだので、実を結ばなかった。ほかの種は善い土地に落ち、伸びて大きくなり、実を結び、あるものは三十倍、あるものは六十倍、あるものは百倍にもなった」。そして、「聞く耳のある者は聞きなさい」と仰せになった（マルコ４・２－８）。

ここまでは、たとえについての導入のような話をしてきましたが、ここからは具体的にイエスのたとえを取り上げて読み深めていきましょう。取り上げるたとえの順番は、大ざっぱではありますが、福音書の配列にしたがっています。まずは、「種を蒔く人のたとえ」です。このたとえは、共観福音書すべて（マタイ13・3－9、マルコ4・2－8、ルカ8・5－8）に記されています。ここでは、マルコ福音書のものを読み深めることにしましょう。

イエスが語られたたとえの中には、「パン種のたとえ」（マタイ13・33）のように非常に簡潔なものもあれば、「放蕩息子のたとえ」（ルカ15・11－32）のように一つの物語を形成するようなものまでさまざまなものがありますが、それぞれのたとえの中で聴衆を巻き込むような工夫が凝らしてあります。「種を蒔く人のたとえ」も、実によく考えられたものになっています。

このたとえでは、さまざまな場所に蒔かれた（というよりも落ちた）種の育つ様子が描写されています。最初の種は道端に落ち、芽を出す間もなく鳥に食べられてしまいます。次の種は石だらけで土の少ない所に落ち、芽は出しますが、すぐに日に焼けて枯れてしまいます。その次の種は茨の中に落ち、芽が出て育つものの、茨に覆われて実を結ぶことができません。

ここまでですでに三種類の種が実を結ぶことができずにいます。失敗例が繰り返されることによって、聞く人の心にはいやおうなしに実を結ぶことの難しさが焼きつけられていきます。はたして実を結ぶ種はあるのだろうか、このままますべて実を結ばないまま話が終わってしまうのではないだろうか。

その一方で、種はまだ実を結んでいないとはいえ、少しずつ確実に実りへと近づいています。芽を出すこともできなかった最初の例から始まって、次には芽を出すところまで、そして次には成長するところまで来ています。いつかは実を結ぶ種が出るだろう。しかし、それはいつのことだろうか。こうして、聞く人は不安と期待に包まれた緊張感をもって次の言葉を待ちます。

そこに、良い土地に落ちた種が芽を出し、成長し、そしてついに実を結ぶのです。さんざん待たされ、実を結ぶことの難しさを思い知らされた後の実りです。しかも、当たり前の実りではありません。あるものは三十倍もの、あるものは六十倍もの、そしてあるものは百倍もの実を結ぶのです。聞く人の予想をまったく超えた実りです。しかも、三十倍、六十倍、百倍とどんどん大きくなっていく数字はまるでこの実りが無限に増え続けるかのような印象をすら与えます（マタイ13・8は、逆に「あるものは百倍、あるものは六十倍、あるものは三十倍」と述べ、最初から百倍という大きな数字が聴衆の耳に刻まれるよう意図しており、ルカ8・8は「百倍の実を結んだ」とだけ述べて、あり得ない中でも最大の実をすべての種が結んだことを感じさせようとしています）。

この世には、神の国の成長を妨げる要因が数多くあります。むしろ、神の国は完成しないのではないかとさえ思われます。しかし、そのような中で、このたとえは力強く宣言するのです。わたしたちが不安に思っている中でも、神の国は確実に成長を続けているのであって、必ず実を結ぶ、しかもわたしたちの想像をはるかに超えるほどの多くの実を結ぶのだ、と。この宣言は、後に述べられる「成長する種のたとえ」（マルコ4・26－29）と「からし種のたとえ」（4・30－32）で、さらに強調されるのです。

「種を蒔く人のたとえ」のメッセージは、まず、イエスと生活をともにしていた弟子たちに対して向けられたものです。イエスが告げた神の言葉は必ずしも人々から受け入れられてはいませんでした。「あの男は気が変になっている」と言う人がいましたし、これを聞いた身内の人たちはイエスを取り押さえに来ました（3・21）。エルサレムの権威ある律法学者たちは、イエスを悪霊に取りつかれた者として否定しました（3・22）。この後もイエスは故郷で排斥され、人々から排斥され、最後には十字架刑に処せられました。実を結ぶどころか、そのはるか以前に完全に摘み取られてしまったように思える状況にあって、イエスは限りない実りをもたらす神の言葉の力強さに信頼するよう弟子たちに呼びかけられたのです。こうして、イエスに従って歩むあらゆる時代の弟子たちが、このたとえを通して神の言葉、神の国の実現に対する信頼をはぐくんできました。

わたしたちもまた、日々の生活の中で、神の言葉の力強さを実感し、そのもたらす実りの大きさを確信するように招かれています。神の言葉の力強さは、人間的な尺度で測ることができるものではありません。妨げや困難と無縁なものでもありません。しかも、このような妨げは、わたしたちの力ではどうにもならないように思えるものです。しかし、その中にあってこの神の言葉は成長し、実を結んでいるのです。しかも、三十倍、六十倍、百倍、いや限りのない実を結んでいるのです。だから、わたしたちは落胆したり、あきらめたりすることなく、神の言葉に信頼して歩むことができるのです。

ところで、イエスのたとえの中では珍しいケースですが、この「種を蒔く人のたとえ」には、イエスご自身による説明がなされています（マタイ13・18－23、マルコ4・13－20、ルカ8・11－15）。イエスの説明は、寓喩《ぐうゆ》的説明（アレゴリックな説明）と言われるもので、たとえに登場する人物や事柄をすべて現実の人物や事柄に当てはめて説明する方法です。それによると、蒔かれた種とは神の言葉です。種が蒔かれたさまざまな場所は、神の言葉を受け止める人々の状態を指しています。道端に蒔かれたケースとは、サタンによって神の言葉をすぐに奪い去られてしまう人のこと、岩地に蒔かれたケースとは、根がないため、艱難や迫害が起きるとすぐにつまずいてしまう人のこと、茨の中に蒔かれたケースとは、神の言葉を聞くもののこの世の思い煩いや富の誘惑、さまざまな欲望によって覆いふさがれてしまい、実を結ばない人のことです。善い土地に蒔かれたケースとは、神の言葉を聞いて受け入れ、三十倍、六十倍、百倍の実を結ぶ人のことです。

つまり、イエスの説明では、このたとえは、神の言葉をどのように聞き、どのように受け止めるか、悪霊の攻撃に対して、艱難や迫害に対して、思い煩いや富の誘惑、さまざまな欲望に対して、どのように神の言葉を保ち、育てていくか、それによって実が結ばれるかどうかが変わるという教えになります。実を結んだときの実りの豊かさは、人間の側の歩みの度合いをはるかに凌駕《りょうが》するという点では変わりませんが、重点は神の国の成長ではなく、人間の側の姿勢に置かれています。

このように、たとえ自体の中心メッセージと思われる点と、イエスの説明における中心メッセージとは、必ずしも一致していません。しかし、これも、たとえがさまざまな解釈に開かれていることの一例なのです。

イエスの説明では、わたしたちが神の言葉を聞いた後、それが実りとなって現れるまでの歩みが、種が蒔かれ、成長して、実を結ぶまでの長い歩みにたとえられています。神の言葉は、わたしたちの中ですぐに実を結ぶわけではありません。その間に、さまざまなことがあります。多くの妨げに遭います。歩みをやめてしまう人もたくさんいます。しかし、わたしたちは神が与えてくださるであろう大きな実りに信頼して、どんな困難や妨げの中にあっても、種が成長するに適した善い土地であり続けるよう、歩んでいくよう招かれているのです（ルカ8・15の「善い地のものとは、正しく善い心をもって、み言葉を聞き、これを固く保って、忍耐のうちに実を結ぶ人のことである」という結論は、この点を明確に表しています）。

成長する種のたとえ（マルコ４・26－29）

「神の国は人が大地に種を蒔《ま》くようなものである。種を蒔く人が夜昼、寝起きしているうちに、種は芽を出し生長する。しかし、種を蒔いた人はどうしてそうなるかを知らない。大地は自ら働き、初めに苗、次に穂、次に穂の中に豊かな実を生ずる。実が熟すと、種を蒔いた人はただちに鎌を入れる。刈り入れの時が来たからである」（マルコ４・26－29）。

このたとえも、「種を蒔く人のたとえ」と同じように、「種」とその成長を題材にしたものです。たとえに登場するのは、種を蒔く人と、種そのものです。「土」も登場しますが、ここでは種とあまり区別されずに一組のものとして扱われているようです。したがって、一方に人、もう一方に種というように、二つのことを軸として話が進められていきます。

まず、人について見てみることにしましょう。この話の発端となるのは、人の行為（種蒔き）です。しかし、人はそれ以後、種の成長にかかわることを何一つおこなおうとしません。ただ、「夜昼、寝起き」（4・27）すると記されているだけです。この表現は、対極にある二つのことを並記させることによって、二つのことの間にある全体を示すというパレスチナ的表現法の一つです。つまり、「夜」と「昼」を並記することによって一日全体を表し、また「寝る」ことと「起きる」ことを並記することで起きてから寝るまでにおこなう行為全体を表しているのです。寝たり起きたりすることに焦点が当てられているのではなく、この人にとって、特に変化もなく、淡々と日常の時間が過ぎ去っていく様子が記されています。

一方、種については、その成長の様子が段階ごとに記されています。「大地に種を蒔く」（4・26）、「芽を出し」（4・27）、「初めに苗」、「次に穂」、「次に穂の中に豊かな実を生ずる」（以上4・28）、「実が熟す」（4・29）といったように、必要以上と思えるほどの細かさで描写されています。こうした描き方によって、種にとって一瞬一瞬がどれほど大切な凝縮された時間であるかが、読者に強く印象づけられていきます。同じ「時間」であるのに、人にとってはそれほど大きな意味を持たない一方で、種にとっては特別な時間なのです。この両者の隔たりは、「種を蒔いた人はどうしてそうなるかを知らない」（4・27）、「大地は自ら働き」（4・28）という表現によってさらに強められています。

しかし、人はこのまま何もしないのではありません。種の成長の間はずっと陰に隠れていた人も、収穫の時になると再び登場し、「鎌を入れ」（4・29）。しかも、「ただちに」（同）鎌を入れたと記されています。この表現は、「人」が常に注意しながら今か今かと収穫のときを待ち望み、準備を整えていたことを感じさせるもので、それまでの「人」に関する描写とはずいぶん対照的です。

要点をまとめてみましょう。人が種を蒔きます。しかし、種がいったん人の手から離れると、人と種はそれぞれの道を歩き始めます。人は通常の日々の営みをおこない続け、種はひとりでに成長していきます。人は種がどうして成長するのか理解できません。ただ、理解できないながらも、刈り入れに向けて準備を進めていきます。そして収穫のときが来ると、人はこのときを逃すことなく、鎌を入れるのです。

イエスの時代の人々にとって、種の成長はとても不思議な出来事だったようです。小さな種が、芽、苗、穂、実と次々に形を変えていく様子は人々に大きな驚きを与えました。イエスが、「人はどうしてそうなるかを知らない」（4・27）と言うように、人々にとって種の成長は自分たちの知識を超えること、何か特別な神の働きを感じさせるものでした。

もちろん、人々は種の成長のために、人間の側も汗水流して根気よく働かなければならないことを知っていましたが、今回のたとえでは、人間の思いを超える側面が強調されています。人間の介入は極力抑えられ、種そのものの持つ成長力が描き出されています。収穫のときの人間の介入にしても、そのときを決めるのは種（その熟した実）のほうであり、人間はそのときをひたすら待たなければなりません。しかし、その唯一とも言える人間の介入が、まったく遅れることなく素早くなされるということも強調されています。

では、このたとえからわたしたちは何を学ぶことができるでしょうか。

まず、神の国が着実に成長を続けていることに対する信頼でしょう。わたしたちの毎日の生活は、その大半が同じことを繰り返しながら淡々と過ぎていきます。これと言って大きな変化もない、いつものような日々が続いていきます。しかし、そのような中にあって、神の国はひとりでに大きくなっているのです。わたしたちが何か大きなことをしたから、神の国が成長するのではありません。神の国は、みずから大きく成長する力を持っているのです。

次に、この神の国の成長について、わたしたちはすべてを理解できないという事実を謙虚に受け入れることです。わたしたちは、このことを知っているつもりでいます。しかし、実際には往々にしてすべてを理解しようとあくせくしていることが多いのです。理解できないことは不安だからです。どうしてそうなるか分からないということは、次に何が起きるか分からないということでもあります。そんな不安に負けて、わたしたちは神の国を自分の理解できる世界に押し込めてしまおうという誘惑に駆られます。目に見える成果を求めるのも、その表れかもしれません。しかし、わたしたちは不安ではなく信頼へと招かれているのです。

すべてを神に信頼するということは、何もしないということではありません。神のなさり方を謙虚に受け入れることは、自分の考えで行動するよりも、多くの忍耐と犠牲を要求します。そして、このような謙虚な信頼こそが、神の望むとき、望むとおりにその国が完成するのを受け入れる心を育てるのであり、神の国の刈り入れにあずかる準備ともなるのです。

からし種のたとえ（マルコ4・30－32）

「神の国を何になぞらえようか。また、どんな喩えで言い表そうか。それは一粒の芥子種のようなものである。芥子種は土に蒔《ま》かれる時は、地上のどんな種よりも小さいが、蒔かれると、伸びてどんな野菜よりも大きくなり、その陰に空の鳥が宿るほど大きな枝を張る」（マルコ4・30－32）。

「からし種のたとえ」は、マタイ（13・31－32）、マルコ（4・30－32）、ルカ（13・18－19）の三つの福音書に記されていますが、ここではマルコのものを取り上げることにします。このたとえでは、これまでに読み深めたたとえと似て、種とその成長が題材とされていますが、特に、「どんな種よりも小さい」（マルコ4・31）種の状態と、成長したときの「どんな野菜よりも大き」（4・32）い状態とのコントラストが強調されています。

からし種は、種類によって多少異なりますが、小さいものでは直径一ミリメートルにも満たず、大きくても直径三ミリ程度、重さも一〜二ミリグラムくらいしかありません。種が小さい割には、とても大きく成長します。ちなみに、マタイやルカの並行箇所で「木」（マタイ13・32、ルカ13・19）という言葉が使われているため、「大木」をイメージする人もいるようですが、そこまで大きくなるわけではありません。しかし、パレスチナ地方では、平均して一・五メートルくらいの高さ、場所によっては三メートル以上にもなり、「野菜」としてはとても大きな部類に入ります。

もちろん、厳密に言って、からし種がどんな種よりも小さく、どんな野菜よりも大きく成長するのかどうかは疑問です。しかし、ここで問題になっているのは、このような厳密な大きさの比較ではなく、当時のユダヤ人の間に定着していたからし種のイメージです。つまり、聴衆が「からし種」という言葉を聞いたときに自然に思い浮かべたであろうイメージ、いちばん小さいもの、それにもかかわらずすべてを凌駕《りょうが》するような成長ぶり、そのコントラストの大きさ……が大切なのです。イエスは、このイメージを用いて、神の国について教えようとしました。こうして聴衆は、神の国が今はごく小さな目立たないもの、人から見過ごされてしまうようなものかもしれないこと、しかし他のすべてを凌駕するほど大きなものになるはずだということを感じ取ることができたのです。

このようなイエスのたとえは、神の国についていくつかの重要なことを考えさせてくれます。第一に、イエスは恐れることなく神の国を小さな「種」にたとえているということです。まるで、神の国が初めは小さなもの、力のないものであると言っているかのようです。少なくとも、そのように人々の目に映るということを、イエスは認めています。神の国は最初からすべてを圧倒するような、誰の目にも明らかなものではないようです。

第二に、神の国は「成長する」ものであり、今も成長し続けているということです。神の国は、初めから完全で変わらないものではなく、この世界の中で躍動的に成長を続けているものなのです。これこそ、種とその成長を題材としたたとえが、聴衆の心に刻み込まずにはおかない、動的なイメージであると言えましょう。

しかも、このからし種のたとえでは、その成長の大きさ、通常の尺度を超えた成長ぶり（最も小さなものから最も大きなものへ）が強調されています。わたしたちは、現在の状態から将来どのように変わるかを想定しながら生活していますが、神の国に関するかぎりこのことは成り立ちません。教会の成長、福音宣教、救い、平和といった神の国に関する事柄は、わたしたちの思惑を常に超える形で成長していくのです（わたしたちはこのような事柄に関してもしばしば自分の尺度を当てはめようとしてしまうのですが）。

ところで、マルコ福音書のからし種のたとえでは、大きく成長する様子が「その陰に空の鳥が宿るほど大きな枝を張る」という表現によっても強調されています。この表現は、旧約聖書で、大きく安泰な国を表す象徴として用いられていたもので（たとえば、エゼキエル17・23、31・5－6、ダニエル4・9など）、その国の民が保護され、平和に暮らすことのできる状態にあることが示唆されています。

ただ、マルコのこの表現をマタイやルカの並行箇所と比べると意味深い相違に気づかされます。マタイやルカでは、鳥は「枝」に巣を作ると記されていますが（マタイ13・32、ルカ13・19)、マルコでは「その(=枝の)陰に」巣を作ると記されているのです。からしの木の実際の大きさ(前述のように平均一・五メートルほどの高さ)を考えると、マルコのこの表現はおそらく、鳥が「枝」に巣を作ったという意味ではなく、むしろ大きな枝によって地面にできた「陰」の部分に巣を作ったことを強調しているようです。

このように理解すると、当時のイスラエルの人々にとって、このたとえはますます大きな意味を持ってきます。比較的気候の穏やかな日本とは異なり、乾季のパレスチナにおける日中の日射《ひざ》しは非常に厳しいものです。乾季は、一年の半分ほど継続し、ほとんど雨が降りません。多くの川は涸《か》れてしまいます。文字どおり、じりじりと「射す」ように照りつける日光は、生物の命を奪うこともあります(すでに見た「種を蒔く人のたとえ」の中のマルコ4・6には、「(種は)太陽が昇ると焼けて……枯れてしまった」という表現が見られます)。したがって、「陰」はパレスチナで生きていくために欠かすことのできないものなのです。鳥が巣を作ることのできるような陰を与えるというメッセージは、イスラエルの民に、厳しい自然の中で生き抜くために必要な場として神の国を感じさせたことでしょう。

他の多くのたとえにも見られることですが、からし種のたとえも日々の生活の厳しさや困難を排除しようとはしません。むしろ、その中で生きていくために、神の国が必要不可欠な大きな支えとなることを強調します。ここにも神の国の特徴が表れています。神の国は、苦しみのないユートピアのようなものではなく、日々のさまざまな厳しさをともなう生活の中で、わたしたちに生きる力を与える場として、成長し続けているものなのでしょう。わたしたちは、神の国が常にわたしたちの思惑を超えてダイナミックに成長していることに信頼しながら、苦しみから逃れるようにではなく、その中でふさわしく生きていくための場所と力を神の国に求めるよう招かれているのです。

パン種のたとえ（ルカ13・20－21）

またイエスは仰せになった、「神の国を何に喩えようか。それはパン種に似ている。女がそれを取って、三サトンの小麦粉の中に混ぜると、やがて全体が発酵する」（ルカ13・20－21）。

「パン種のたとえ」は、マタイ13・33とルカ13・20－21に記されています。どちらも、「からし種のたとえ」と一対で記されています。ただし、この二つのたとえが伝える神の国のイメージは、必ずしも同じものではありません。

パン種のたとえはとても短いたとえです。これは、短くても当時の聴衆にそのメッセージが生き生きと伝わったことを前提にしています。しかし、現代の読者にはそれほど直接的には伝わってこないようです。なぜでしょうか。わたしたちの文化はパンを主食とする文化ではありませんが、現在ではたくさんの日本人が日常的にパンを食べるようになりました。とはいえ、わたしたちにとって、通常、パンは出来上がったものを買ってくるものであり、自分の家庭で作るものではありません。パン作りの現場を日常的に目にすることがないため、どうやってパンが作られるのかすぐにイメージすることができません。当時のイスラエルでは、それぞれの家庭で自分たちのパンを焼いていました。だから、このたとえは聴衆の心に直接訴えかけることができたのでしょう。

この時代のパンは、大麦、あるいは小麦の粉から作られていました。これに水を混ぜて練るのですが、そのときに「パン種」と呼ばれるものを入れていました。パン種とは、前にパンを焼いたときに練った粉を残しておいたもののことです。この練り粉はすでに発酵しているため、酵母となって、新しく使う粉全体の発酵を促しました。こうして発酵してふくれた練り粉から、次回のためのパン種として少量を取り分けたうえで、パンを焼いて食べたのです。各家庭では、その日に食べるだけのパンが作られていました。

ちなみに、このパン種を入れずに焼いたパンを「種なしパン」と呼びます。急を要するときには、パンが発酵するまで待つことができないため、種なしパンが作られました（たとえば、創世記19・3）。種なしパンは、発酵させていないので、ふくれることなく、平たいパンです。この種なしパンは、イスラエルの民が出エジプトの際に主の命令によって食べたことから、救いの歴史の中で重要な意味を持つようになりました。毎年、エジプトからの解放を祝う過越祭の期間、ユダヤ人は必ず種なしパンを食べるようになったのです。イエスの最後の晩餐もこの過越祭の期間におこなわれたため、種なしパンを用いました（ただし、ヨハネ福音書にしたがえば、この食事は過越の食事ではありません）。こうして、わたしたちがミサの中で使うパン（「ホスチア」と呼ばれているパン）も、パン種を入れずに作られた平たい種なしパンが用いられるようになりました。

さて、話をパン種のたとえに戻しましょう。ここでは、神の国がパン種にたとえられています。パン種は、粉に入れられることによって全体をふくらませます。神の国もこれと似ているというわけです。これまで読んできたたとえでは、「種を蒔く人のたとえ」でも、「成長する種のたとえ」でも、「からし種のたとえ」でも、神の国自体が大きく成長していく様子が描かれていました。しかし、パン種のたとえでは成長する（ふくらむ）のは神の国だけではありません。むしろ、神の国によって全体が大きく成長するのです。ここに描き出されているのは、周りを巻き込まないではいない神の国の姿です。

細かなことですが、パン種を粉に混ぜるというときの「混ぜる」（ルカ13・21）という動詞は、ギリシア語では「中に隠す」、「ひそかに置く」という意味を持つ言葉です。神の国は、決して誰もが分かるような形でわたしたちの中にあるのではないようです。目立つことなく、ひそかにわたしたちの中に入ってきて、しかしいったん入ってくるとわたしたちを大きく成長させてくれる、そういったものなのでしょう。パン種は、もともと同じ麦の粉ですから、新しい粉に混ぜると、もう見分けることができません。しかし、確実に全体をふくらませます。神の国も、わたしたちのもとに入ってくると、見分けることができないほどにわたしたちと一つになり、全体を大きく成長させているのです。

ところで、このたとえの中では極端な誇張表現が見られます（「誇張」はたとえの中でよく用いられる手法の一つです）。「三サトンの小麦粉」（13・21）という表現です。量を表す単位がわたしたちの用いる単位と異なるため、実感しにくいかもしれませんが、三サトンというとおよそ四十リットルもの量になります。当時の人が一日にどれくらいのパンを食べていたのか正確には分かりませんが、ある学者によれば、この量の粉を使うと約百五十人の大人が満腹するくらいのパンが焼き上がるそうです。一度にこんなに大量のパンを作る家庭はありません。このような誇張は、聴衆の注意を引きつけると同時に、日常生活の事柄を超える何か重要なことが問題になっていることを理解させるのに役立ったことでしょう。また、神の国による全体の成長がいかに大きなものであるかを強く印象づけたことでしょう。

パン種のたとえは、神の国とわたしたちの関係について重要なことを教えています。わたしたちは気づいていないかもしれませんが、神の国はすでにわたしたちの中に「混ぜ」（13・21）られています。神の国は、わたしたちを放っておいて自分だけ成長していくようなものではありません。神の国が成長するとき、わたしたちもこれに巻き込まれ、成長しているはずなのです。これまで取り上げたたとえの中で、わたしたちはどのような障害があっても確実に、そしてわたしたちの想像を超えて大きく成長する神の国の姿を学びました。パン種のたとえが教えていることは、この驚異的な神の国の成長が、実はわたしたちを、しかもわたしたち「全体」(13・21)を巻き込むものであるということです。神の国の成長が影響を及ぼさないものは何一つないのです。

ところで、神の国はわたしたち一人一人、そしてわたしたち全体をどのようにふくらませ、成長させているのでしょうか。神の国がもたらす成長がすばらしいものであるなら、わたしたちはこれを具体的に見つめ、気づいていくようにも招かれているのだと思います。

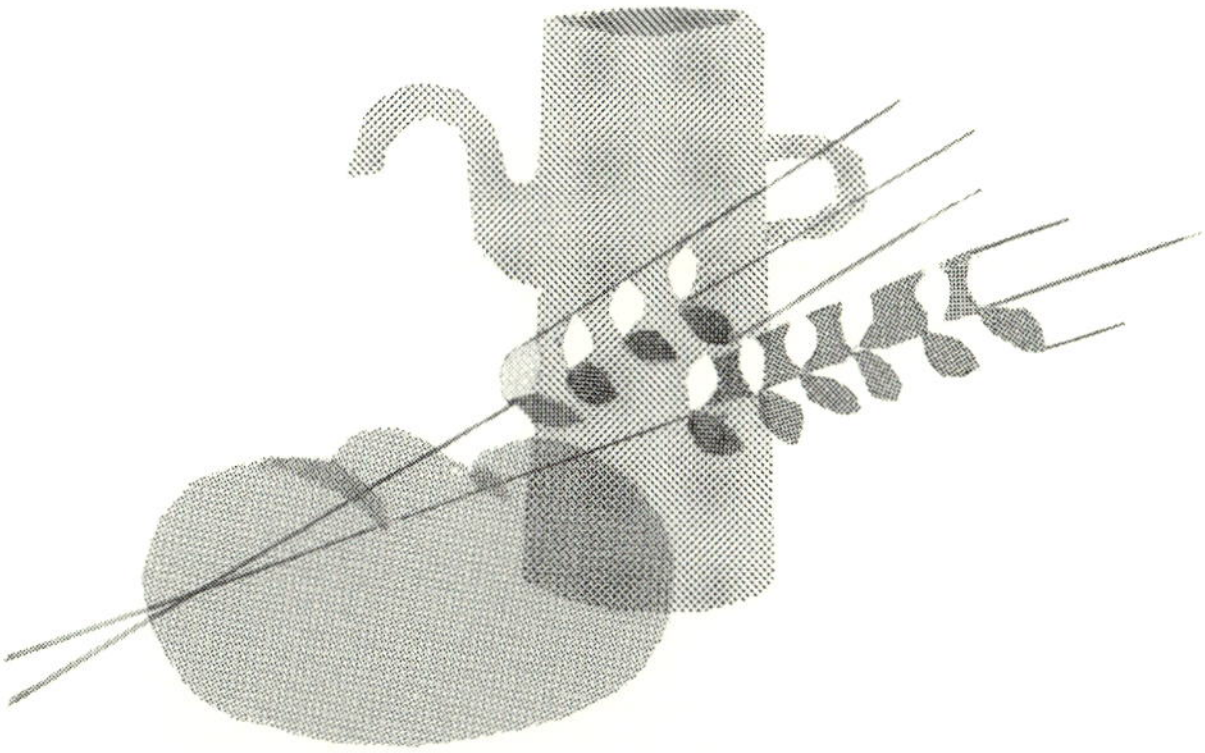

毒麦のたとえ〈マタイ13・24－30〉

イエスは、ほかの喩えを示して仰せになった、「天の国は次のように喩えられる。ある人が善い種を自分の畑に蒔《ま》いた。ところが、人々が眠っている間に、敵が来て、麦の中に毒麦を蒔いて立ち去った。やがて、苗が育って実を結ぶと、毒麦も現れた。僕《しもべ》たちが主人のもとに来て言った、『ご主人さま、畑に蒔かれたのは、善い種ではありませんでしたか。それなのに、なぜ毒麦が生えたのでしょうか』。主人は、『それは敵意をもつ者の仕業《しわざ》だ』と答えた。そこで、僕たちが、『それでは、行って毒麦を抜き集めましょうか』と言うと、主人は答えた、『それには及ばない。毒麦を抜こうとして、善い麦までも抜いてしまうかもしれない。刈り入れまで、両方とも育つままにしておきなさい。刈り入れのとき、わたしは刈り入れる者たちに、〈まず毒麦を集めて、焼くために束にし、麦は集めて倉に入れなさい〉と言いつけよう』」（マタイ13・24－30）。

毒麦のたとえは、マタイ福音書だけに記されているもので、これも神の国（マタイの用語では「天の国」）についてのたとえです。ある人が畑に善い種を蒔いたのに、敵が来て毒麦を蒔き、両方が混ざって成長してしまいます。しかし、主人は刈り入れのときまでそのままにしておくように命じる、というたとえです。

他の人の畑に毒麦を蒔くとは、ずいぶんひどいことをするものです。しかし、これは敵対者のやり方の一つとして当時のパレスチナでは珍しいことではなかったようです。どれだけの量の毒麦を蒔いたのかは分かりませんが、かなりの量を蒔いたのでしょう。やっかいなことに、種の段階では毒麦を見分けることができません。気づくことすらできません。気づいたときには、毒麦は成長してしまっているのです。畑の世話をしていたしもべたちは毒麦が混ざっていることに気づくと、驚いて、主人に報告します。そして、すぐに毒麦を抜き集めようとします。ところが、主人は刈り入れのときまで毒麦も育つままにしておくように命じるのです。

主人がこのように命じる理由は、「毒麦を抜こうとして、善い麦までも抜いてしまうかもしれない」（13・29）からということです。しかし、放っておけば毒麦が土の中の養分を奪い取って、善い麦は十分に実りをもたらすことができなくなってしまいます。雑草を抜くのと同じように、やはり毒麦を抜くのが通常の方法でした。

ですから、イエスのたとえを聞いていた人たちは、刈り入れのときまで毒麦をそのままにしておくようにと命じる主人に驚きを感じたでしょうし、「なぜだろうか」という疑問を抱いたことでしょう。このように、たとえの中には、聴衆が疑問や驚き、違和感を持つような手法がしばしば使われます。たとえの登場人物が常識とは逆のことをおこなったり、通常と考えられる分量をはるかに超える量のものが用いられたり……。聞いている人はそこに違和感を持ち、考えこまざるを得なくなってしまうのです。多くの場合、このような箇所にたとえの中心的メッセージが隠されています。そして、これは毒麦のたとえにも当てはまるようです。

毒麦の混入に気づいたしもべたちは、善い麦のために最善のことを願い、当然のこととして、毒麦を抜き集めようとします。しかしながら、主人の望みは別のところにありました。自分が善かれと思っておこなっているからといって、また当然のことをしているからといって、それがすべて主の望みに一致しているわけではないということ。これが、たとえの中心的メッセージのようです。

具体的に、このたとえが何を指していたかは明確でありませんが、イエスの宣教活動に照らし合わせてみると、どうやらこれはまずファリサイ派の人たちや弟子たちの思いとイエスによって明らかにされた神の思いとの対比について述べているようです。ファリサイ派の人たちはイエスからしばしば強い批判を受けていますが、彼らは決して神に従うことを拒否しようとしたわけではありません。むしろ、徹底的に神の望みに従おうとしていました。律法を遵守し、罪人を避けたのも、善いことと信じておこなっていました。たとえの中のしもべたちが善かれと思って毒麦を抜き集めようとしたように、ファリサイ派の人たちも善かれと思って罪人を抜き集めようとしていたのです。ところが､神の思いはそれとは異なるものでした。神は、罪人を抜き集めることではなく、罪人の回心を待つことを望んでおられるのです。

また、弟子たちの思いも神の思いとは必ずしも一致していませんでした。たとえば、イエスが十字架の死について語られたとき、ペトロはイエスをいさめました。これほど力ある方が人々から排斥されて殺されるはずがない、ペトロはそう考えたのでしょう。イエスのためを思って、善いことと信じてイエスをいさめたのです。しかし、それは神の思いではありませんでした。イエスがペトロを叱って言われた言葉、「お前は神のことではなく、人間のことを考えている」（マタイ16・23）は、このことを適確に言い表しています。

神の国における基準はすべて神ご自身の望みにあります。わたしたちの思い、つまりわたしたちにとって善いと思えること、すべきと思えること、あるいは実際に善いことが基準となるのではありません。にもかかわらず、わたしたちは日常生活の中でしばしばこのことを忘れてしまいます。自分（たち）にとって毒麦と思えるような人が現れると、何とかしてこれを取り除こうとします。教会を乱すような人、みずからの平穏な生活を乱すような人が現れると、教会のため、あるいは自分のために善かれと思って、その人を避けようとするのです。善かれと思ってやったことだから仕方がない。わたしたちはよくそう口にしますが、実はその言葉の根底には、神の国における基準の取り違えがあることも多いのです。

わたしたちの生活を具体的に見回してみると、善いこと、あるいは善いと思われていることはたくさんあります。だからといって、そのどれをおこなっても神の望みに適うわけではありません。わたしたちにとって大切なのは、善いことをおこなうことではなく、神の望みをおこなうことなのです。たとえの中で、しもべが「毒麦をすぐに抜き集める」という善いことをおこなわずに、主人の命令に従ったように、わたしたちも神の言葉に聞き従うよう招かれているのです。神は、決してこの「善いわざ」を放置するわけではありません。ご自分のお定めになったとき、すなわち刈り入れのときが来れば、それをおこなうよう命じられるのです。「刈り入れのとき、わたしは刈り入れる者たちに、『まず毒麦を集めて、焼くために束にし、麦は集めて倉に入れなさい』と言いつけよう」（13・30）。神がお定めになったとき、お望みになることをおこなうこと、それが神の国の特徴です。

そのためには、神に尋ねること（しもべたちのように）、神の声に深く耳を傾けることが大切です。祈りの中で、聖書の中で、教会の教えの中で、牧者たちの中で、他の人々の中で、さまざまな出来事の中で語りかけてくださる神の声に、いつも敏感であることができるよう祈り求めましょう。神の国の子らとしてふさわしく歩むことができるために。

「種を蒔く人のたとえ」と同じように、この「毒麦のたとえ」にもイエスご自身の説明が加えられています（13・37－43）。イエスの説明は、「毒麦のたとえ」が語られた後、「からし種のたとえ」、「パン種のたとえ」が続けて語られ、イエスと弟子たちが「群衆を後に残して家にお入りになった」（13・36）後で、弟子たちの求めに応じて語られています。ここでも、イエスは、「種を蒔く人のたとえ」と同じように、寓喩的方法（アレゴリックな方法）でたとえの説明をします。「善い種を蒔くのは人の子」（13・37）、「畑は世界」、「善い種はみ国の子ら」、「毒麦は悪い者の子ら」（以上13・38）、「毒麦を蒔いた敵は悪魔」、「刈り入れは代の終わり」、「刈り入れる者はみ使いたち」（以上13・39）。

イエスの説明は、現時点での主人としもべたちの考え方の違いにはまったく触れずに、たとえ自体では最後に記されていただけの「代《よ》の終わり」のことに集中しています（したがって、ここでも解釈の視点の違いが見られます）。しかも、「毒麦」の末路が強調されています。「毒麦が抜き集められ、火で焼かれるように、この代の終わりにもそうなる。人の子はみ使いたちを遣わして、つまずきとなるすべてのもの、また不法を行う者をみ国から抜き集め、燃え盛るかまどに投げ入れる。そこには嘆きと歯ぎしりがある。その時、正しい者たちは父の国で太陽のように輝く」（13・40－43）。「不法を行う者」、「嘆きと歯ぎしり」などの表現は、マタイ福音書では、終末的教えに用いられるものです（7・23、24・51、25・30）。

このように、イエスの説明は、善い麦、すなわち神の国の子ら、正しい者たちが最後に受けることになる輝きを述べることによって、彼らを励ます一方で、その主眼はこうした人々のつまずき、妨げとなる毒麦の行く末が強調されることによって、このような道をたどることがないよう強く戒めるものとなっているのです。

宝のたとえ（マタイ13・44）と高価な真珠のたとえ（13・45－46）

「天の国は畑に隠された宝に似ている。それを見つけた人はそれをそのまま隠しておき、喜びのあまり、行って自分の持ち物をことごとく売り払い、その畑を買う」（マタイ13・44）。

「天の国はまた、善い真珠を探し求める商人に似ている。高価な真珠を一つ見出《みいだ》すと、商人は自分の持ち物をことごとく売りに行き、それを買った」（マタイ13・45－46）。

この二つのたとえも、すでに取り上げた「毒麦のたとえ」のように、マタイ福音書だけに記されているものです。続けて語られているこの二つのたとえは、とても似ています。登場人物こそ違いますが、使われている動詞や表現はほとんど同じものが繰り返され、その構造も同じです（「宝／高価な真珠」を「見つける／見出す」→「行く」→「自分の持ち物をことごとく売り」→「それを買う」）。これほど際立ってはいませんが、「からし種のたとえ」と「パン種のたとえ」にも同じような手法が用いられていました。このように、似通ったたとえを続けて語るという手法は、共通するメッセージをより強く聴衆の心に刻み込むという効果を持っています。また、似ている中でも登場人物や表現などに細かな違いがありますから、聴衆は異なった角度からメッセージを理解することもできます。

そこで、まず二つのたとえに共通する表現を中心に、そのメッセージを探ってみることにしましょう。ある人が非常に高価なもの、かけがえのないものを「見つけ／見出し」ます（13・44、46）。その人は、当然のことながら、それを「買って」（同）自分のものにしようとします。悠長にかまえていては、他の人が見つけて先に手を打ってしまうかもしれませんから、すぐに行動を起こします（「行って」、「行き」といった動きを表す動詞が、急いでいる様子を感じさせます）。

「自分の持ち物をことごとく売る」（同）というのは、少し大げさに思えるかもしれません。ところが、登場人物はまったく躊躇《ちゅうちょ》していませんし、大げさとも考えていません。当たり前のように持っているもののすべてを売り払って、宝のある畑や高価な真珠を買おうとします。それは、彼らが自分の見つけたものの価値をよく知っているからです。彼らにとって、それは他のものとは比べることのできないほどすばらしいものです。それを手に入れるためであれば、持ち物をすっかり売り払うことなど大したことではないのです。

神の国もこのようなものであるとイエスは言います。神の国を見つけた人はそのすばらしさに魅了されてしまいます。そのすばらしさに駆り立てられ、神の国のために喜んで何でもおこなうようになります。「そうしたい」とか「そうしなければならない」とかいうよりも、「そうしないではいられない」のです。宝の隠された畑を見つけた人や高価な真珠を見つけた人が、すべての持ち物を売り払って、これを買わずにはいられなかったようにです。

とはいえ、もし神の国のすばらしさを理解できなければ、その人の目には、「自分の持ち物をことごとく売る」ことはばかげた行為としか映らないでしょう。マタイ福音書の中には、このことを示す例が記されています。金持ちの青年のエピソードです（19・16－22）。

ある金持ちの青年がイエスのもとに来て、永遠のいのちを得るためにはどうすればよいか尋ねます。イエスは、おきてを守るように招いた後、「帰って、あなたの持ち物を売り、貧しい人々に施しなさい。……それから、わたしに従いなさい」（19・21）と呼びかけます。しかし、青年はこの言葉を聞いて、深く悲しみながら立ち去ってしまいます。彼は、持っているたくさんの財産を売り払うことに納得できませんでした。彼にとって、永遠のいのちは、持っている財産をすべて売り払ってまで手に入れる価値はなかったということなのでしょう（彼自身はそのことをはっきりと意識していなかったかもしれませんが）。

金持ちの青年は永遠のいのちを得る方法を「見つけた」にもかかわらず、実行に移すことができず、「深く悲しみながら」（19・22）立ち去っていきました。たとえの登場人物が、「喜びのあまり」（13・44）自分の持ち物をことごとく売り払って、見つけたものを買ったのとはまったく対照的な態度です。

キリストの弟子とは、神の国を見いだし、そのすばらしさに魅せられてしまった人のことです。この神の国を手に入れるために、たしかにさまざまな犠牲や苦しみを経験しますが、だからといって彼らは悲しみに沈んではいません。むしろ、彼らは神の国を見つけた喜び、それを手に入れることのできる喜びに満ちあふれていきます。キリスト者は、自分がどんなに犠牲を払ったか、どんなに苦しんだかを考える前に、どれほどすばらしい恵みを受けたか、どれほどすばらしいことを約束されているかを考えるはずなのです。

わたしたちもキリストの弟子です。神の国を見いだすというすばらしい恵みを受けた者です。神の国のすばらしさに魅了された者のはずです。この神の国を手に入れるためであれば、どんなことも惜しくはないはずなのです。にもかかわらず、わたしたちはしばしばこのすばらしさを忘れてしまいます。日常生活の中で体験する重荷や、さまざまな「しなければならないこと」が積み重なっていくうちに、わたしたちの心の中は喜びよりも悲しみが大きくなっていきます。なぜこのようなことをしなければならないのかが分からなくなり、不平や不満が多くなっていきます。

イエスはおそらくこのようなわたしたちに「宝のたとえ」と「高価な真珠のたとえ」を語り、わたしたちが神の国を見つけたことのすばらしさを思い起こすよう招いておられるのでしょう。わたしたちには、すべてを捨ててキリストに従うことが求められています。キリストのためにすべてを受け入れることを求められています。そのために、苦しまなければならないこともあります。場合によっては、いのちをささげなければならないこともあるかもしれません。神の国に入ることのすばらしさを味わうことができていなければ、こうしたことをおこなうのはとうてい不可能でしょう。しかし、神の国のすばらしさを日々深めることができていれば、神の国に入るために喜びをもってこれらのことを実行することでしょう。

この二つのたとえを通して、わたしたちが自分の具体的な生き方の根本にあるものをもう一度見つめ直し、わたしたちを駆り立ててやまない神の国のすばらしさにより深く気づくことができればと思います。

網と魚のたとえ（マタイ13・47－50）

「天の国はまた、海に投げ入れられてあらゆる魚を捕る網に似ている。網がいっぱいになると、人々は岸に引き上げる。そして座って、善いものは器に集め、悪いものは外に捨てる。代《よ》の終わりもこのようになる。み使いたちが現れて、正しい者たちの中から悪い者どもをより出し、燃え盛るかまどに投げ入れる。そこには嘆きと歯ぎしりがある」（マタイ13・47－50）。

このたとえは、「畑に隠された宝のたとえ」と「高価な真珠のたとえ」に続いて記されているもので、同じように神の国についてのたとえとなっています。たとえの構成は比較的単純です。まず漁の様子が語られ（13・47－48）、次にその説明がなされます（13・49－50）。

漁の様子が語られる場面では、まず「網」を中心にして話が進められます。網が「投げ入れられる」、「魚を捕る」（以上13・47）、「いっぱいになる」、「〔人々が網を〕岸に引き上げる」（以上13・48）といった具合にです。

ところが、網が岸に引き上げられると、場面は大きく変わります。中心はもはや網ではなく、捕られた魚へと移っていきます。魚が善いものと悪いものとに分けられ、善い魚は器に入れられ、悪い魚は投げ捨てられるのです。

説明の部分は、この後半の場面だけを取り上げ、世の終わりもそのようになると述べています。しかも、分けられた正しい人々の行く末は記されず、悪い人々の末路だけが記されます。「燃え盛るかまどに投げ入れる」、「嘆きと歯ぎしりがある」（13・50）といった厳しい表現は、イエスによる「毒麦のたとえ」の説明に用いられていたもの（13・42）とまったく同じで、マタイ福音書に典型的な終末的表現です。

さて、たとえのメッセージを読み解くために、ここで用いられている言葉や表現についてもう少し深めてみることにしましょう。

まず最初の場面では、網が「海に投げ入れられる」（13・47）と述べられています。

「海」という語（新共同訳では「湖」と訳出するが、ギリシア語原文では「海」）は、当時のイスラエルの民にとって決して良いイメージを持つ言葉ではありませんでした。そもそもイスラエルは農耕・牧畜を主とする民族でした（だから、ガリラヤ湖周辺でおこなわれた漁業は例外のようなもので、聖書の中でも漁に関連する教えやたとえはほとんど見られません）。イスラエルの民が定住した地域は、西側が地中海に面していましたが、海岸線の肥沃な場所には他の民族が住んでいました。イスラエルにとって、海から来るもの、それは常に彼らの敵対者だったのです。このため、海は自分たちの敵、神に敵対するもの、悪の支配する場所のシンボルとして考えられるようになりました。ちなみに、ヨルダン川沿いの「死海」にも「海」という呼称が付けられており、「ガリラヤ湖」も聖書の中ではほとんどの場合、「ガリラヤ海」と呼ばれているので、「海」に込められたネガティブな側面が強調されています。たとえでは、このような意味合いを持つ場所である「海」に、網は投げ降ろされるのです。

そして、この海で網は「あらゆる魚を捕る」（13・47）。「捕る」と訳されている言葉は、ギリシア語原文では「集める」です。この「集める」という語も、聖書の中では重要な言葉で、「散らされたものを（神が）集める」という表現でよく用いられます（イザヤ11・12、エレミヤ31・10、エゼキエル11・16－17、20・34、34・12－13など）。つまり、「散らされる」という語は滅びを表し、「集められる」という語は救いを表すのです。キリストによる救いとは、この視点から言えば、散らされていた人類を神がキリストのうちに集めてくださったということになります。

さらに、たとえの中では「あらゆる魚」（マタイ13・48）を集めると述べられています。これは全世界に散らばる諸国民全体を連想させます。しかも、網は魚で「いっぱいになる」と言うのです。

一つの言葉や表現の意味からその箇所全体の意味を決定するのには慎重でなければなりませんが、ここでは一連の表現からあるイメージが浮き彫りになってきます。すなわち、敵対者の支配する世界に、神が網を投げ降ろし、その中に散り散りになっているあらゆる民族、あらゆる種類の人々を一つに集め、引き上げてくださるという、神の救いのわざのイメージです。

しかし、たとえはここで終わりません。網が引き上げられると、善い魚と悪い魚とに分けられ、悪い魚は投げ捨てられてしまいます。そして「代の終わりもこのようになる」（13・49）との説明が続くのです。悪い魚とは、律法に照らして（レビ11・9－12参照）、あるいは物理的に（腐敗などの理由で）食べることのできない魚のことを指しているのでしょう。いずれにせよ、一つに集められ、引き上げられた人々がすべて神の国に入るのではないということです。

前回までに見てきた一連のたとえに記されていたことを、ここでもう一度思い起こしてみたいと思います。たしかに、神の国は神の望みに基づいてみずから成長していきます。しかし、同時にわたしたちの内面に入って来て、わたしたちをも大きく駆り立て、成長させるのです。神の国を見つけた人は、すべてを捨ててでもこの神の国の宝を得ようとするはずです。しかし現実には、神の国を見つけながら、真剣にこれを求めようとしない人もいます。そのような人は、結局のところ内側から駆り立てる神の国の力を拒んでいる、つまりみずから神の国に入るのを拒否し、神の国の外にとどまっているのです。今回のたとえの中の「悪い者ども」（マタイ13・

49）とは、このような人々のことなのでしょう。

漁師たちは好んで魚を投げ捨てているわけではありません。苦労をして捕った魚です。すべてが善い魚で、一匹も投げ捨てずにすむことを願っているはずです。だからといって、悪い魚を善い魚に混ぜてしまうことはできません。食べるのには適していないからです。

同じように、神は集めたすべての人が正しい人であることを望んでおられます。しかし、だからといって、みずから拒む人を神の国に入れることはできません。神の国にふさわしくないからです。

神はわたしたちを救うために、網を打ち、すべてのことをおこなってくださいます。神の恵みに身を任せれば、わたしたちはその力によって神の国にふさわしい者へと変えられていきます。しかし、もしこの恵みの力に真剣にこたえようとしなければ、ふさわしくない者として神の国の外に身を置くことになるのも事実なのです。このように、神の恵みに対するわたしたちの態度はとても重大なものです。にもかかわらず——神の国が見えないからでしょうか——わたしたちは日常生活の中で必ずしもこの重大さを実感していません。つい、目先のことを優先させてしまうのです。

厳しい表現で締めくくられたこのたとえは、そのようなわたしたちに対して、神の国を優先しないことの愚かさを強く訴えています。そして、わたしたちが神の救いにあずかることのすばらしさをもう一度思い起こし、これにふさわしい者へと成長させてもらうために真剣な歩みを日々続けるよう招いているのです。

家と土台のたとえ（マタイ7・24−27）

「これらのわたしの言葉を聞き、それを実行する者はみな、岩の上に家を建てた賢い人に似ている。雨が降り、大水が押し寄せ、風が吹きつけ、その家を襲ったが、家は倒れなかった。その家は岩の上に土台を据えていたからである。しかし、これらのわたしの言葉を聞いても、それを実行しない人は、砂の上に家を建てた愚かな人に似ている。雨が降り、大水が押し寄せ、風が吹きつけ、その家に襲いかかると、家は倒れた。その倒れ方ははなはだひどかった」（マタイ7・24−27）。

次に「家と土台のたとえ」を読み深めることにしましょう。これは、ルカ福音書にも記されているたとえですが（ルカ6・47−49）、ここではマタイ福音書を中心に見ていくことにしましょう。

まず注目すべき点は、マタイ福音書の中でこのたとえが置かれている場所です。マタイ5〜7章は、「山上の説教」と呼ばれます。この箇所は、いわゆる「真福八端」と言われる荘厳な教えで始まり（5・3−12）、「主の祈り」（6・9−13）などの非常に大切な教えを含むもので、マタイ福音書の中でも特に重要な箇所と考えられています。「家と土台のたとえ」は、この山上の説教の結びとして語られています（7・24の「わたしのこれらの言葉」は、明らかに山上の説教を総括しています）。この位置づけが、すでにたとえの重要性を物語っていると言えるでしょう。同時に、山上の説教の結びとしてイエスが「たとえ」を用いられたという事実は、イエスの教え全体におけるたとえの重要性をあらためて浮き彫りにするものです。

さて、このたとえはイエスの山上の説教を聞いた人々に向けられています。直接にはイエスの時代の弟子たちですが、広くはマタイ福音書を通してこれらの言葉を聞くすべての時代の人々（わたしたちも含めて）にも向けられています。ここでは、山上の説教の内容について詳しく述べるスペースはありませんが、神がわたしたちを子として愛し、み国に招いてくださっていること、わたしたちはこの神の前で子としてふさわしく生きるよう求められていることが示され、そのためにはどのように生きればよいかが述べられています。しかし、現実には、このすばらしいイエスの言葉を聞きながらも、これを実践する人としない人がいます。そこで、このたとえは、イエスの言葉を聞いて実行する人を、岩の上に家を建てた賢い人に、また聞いても実行しない人を、砂の上に家を建てた愚かな人にたとえることによって、前者の賢さと後者の愚かさを強調するのです。

ところで、このたとえを深く味わうためには、いくつかのことを知っておく必要があります。まずは、パレスチナ特有の気候についてです。パレスチナには四季はあるものの、重要なのは雨季と乾季です。一年の半分は雨の多い季節で、しばしば大雨が降ります。残りの半年はほとんど雨が降らず、強い日照りが続きます。このため、乾季には、いくつかの大きな川を除き、ほとんどの川が涸《か》れて砂地になります（このような川を「ワジ」と言います）。逆に、雨季になると、雨が降り続き、そこに川が流れるだけでなく、大雨によりしばしば川から水があふれて、周りを水浸しにします。このような川は、一年前の雨季と同じ場所に流れるとはかぎりません。乾季の間に風が吹き、川のあった部分も平らになってしまうからです。しかし、岩の上に川ができることはありません。

次に、パレスチナにおける庶民の家の建て方についてです。当時は、土台となる地面を掘り下げて支えとする造りではなく、壁が地面と接する四隅に大きな石を積んで支えとし（＝隅の親石）、その上に石を積み上げていく簡素な造りの家が一般的だったようです。マタイ福音書のたとえでは、このような造りの家が想定されているようです（ギリシア世界で記されたルカ福音書では、家が「地を深く掘り……土台を据えて」〈ルカ６・48〉建てられる様子が述べられています）。したがって、マタイ福音書では土台そのものの深さや堅固さを問題にしているのではないようです。

一方で、パレスチナの家では、地面をそのまま床面として利用していました。そのため、砂地の上に家を建てたほうが地面がさらさらで寝心地よく、逆に岩地に家を建てるとごつごつして寝心地が悪かったと考えられます。

これらの要素を総合して考えると、愚かな人とは、雨季になれば砂地に川が流れるかもしれないという危険を分かっていながら、床面の快適さにひかれて砂の上に家を建ててしまった人のこと、逆に賢い人とは、岩地の居心地の悪さを知りながらも、将来の安全性を考えて、あえて岩の上に家を建てた人のことを意味していると言えるでしょう。

イエスは、山上の説教を聞いて実行するかどうかも同じことであると言われます。山上の説教は、おこなうのにたやすい教えではありません。教えの中でも繰り返されているように、山上の説教を実行しようとすれば、多くの苦しみを担うことになります。しかし、たとえ苦しみを担わなければならなくとも、終わりのときの救いを目指して、これらの教えを実行する人は、賢い人です。逆に、将来の救いが危険にさらされていることを知りながらも、目先の快適さを追ってしまい、イエスの教えを実行しない人は、愚かな人なのです。

さて、わたしたちもこれまでイエスの山上の説教を何度も聞いてきました。しかし、どうでしょうか。この苦しくとも終わりの日の救いを約束するすばらしい教えを実行しようとしているでしょうか。しかも、確信をもって、率先して実行しているでしょうか。聞いた言葉を生活に生かしていない自分に気づくとき、それが砂の上に家を建てることのように愚かであることに気づき、イエスの言葉に立ち返っているでしょうか。

広場で遊ぶ子供たちのたとえ（マタイ11・16－19）

「今の時代を何に喩《たと》えようか。それは、広場に座り、ほかの子供たちに呼びかける子供に似ている。

『ぼくたちが笛を吹いたのに、
君たちは踊ってくれなかった。
弔い歌を歌ったのに、悲しんでくれなかった』。

というのは、ヨハネが来て飲み食いしないと、人々は、『あれは悪霊《あくれい》に憑《つ》かれている』と言う。また、人の子が来て飲み食いすると、『見よ、あれは大食漢、大酒飲みで、徴税人や罪人《つみびと》の仲間だ』と言う。しかし、知恵の正しさは、その業によって証明される」（マタイ11・16－19）。

このたとえは、ルカ福音書にも記されていますが（ルカ7・31－35）、今回もマタイ福音書にしたがって読み深めていくことにしましょう。マタイ11・16－19は、たとえの導入（11・16a）、たとえ（11・16b－17）、具体的な説明（11・18－19）に分けることができます。

たとえ自体は、非常に短いものです。子供たちが広場で呼びかけていますが、彼らが何をしていて、何のためにこのように呼びかけていたのかについては、まったく記されていません。これは、ルカ福音書でも同じです。おそらく、当時のイスラエルの人たちにとっては、この簡潔な記述だけで子供たちが何をしているのか明らかだったのでしょう。今日のわたしたちにとっては、それほど明確でありませんが、それでも子供たちの言葉からおおよその状況を想像することはできます。

「ぼくたちが笛を吹いたのに、君たちは踊ってくれなかった」（マタイ11・32）。結婚の宴では、笛の演奏に合わせて、喜びの踊りを踊るという慣習がありました。「弔い歌を歌ったのに、悲しんでくれなかった」（同）。葬儀の時には、ある人が弔い歌を歌ったり、笛を奏でたりして、それに合わせて人々が涙を流すということがおこなわれていました（例えば、マタイ9・23、マルコ5・38、ヨハネ11・33など）。

どちらも、日常にはない、特別なこととして、子供たちの心に強く残るものだったのでしょう。広場に出て結婚式や葬式のまねごとをして遊ぶことが、当時の子供たちの遊びの一つになっていたようです。子供たちがそれぞれの役割を決め、結婚式のまねごとの場合、ある子供たちが笛を吹くと、ほかの子供たちが喜びの舞いを踊り、また葬式のまねごとの場合、ある子供たちが弔い歌を歌うと、ほかの子供たちが声を上げて悲しみを表す、といったようにです。

ところが、このたとえでは、一方の子供たちが笛を吹いているのに、ほかの子供たちはそれに合わせて踊ってくれません。華やかすぎるということなのでしょうか。そこで、次に弔いの歌を歌ってみます。しかし、悲しみを表してもくれません。今度は悲しすぎるということなのでしょうか。結局、結婚式遊びだからとか、葬式遊びだからやりたくないということではなく、単に遊びたくないだけなのでしょう。そのようなことを感じさせるたとえです。

さて、このたとえは「今の時代」（マタイ11・16）を示すものとして語られています。

そして、たとえのすぐ後には、どの点でたとえが「今の時代」の人たちを示しているのかが具体的に述べられています。彼らは、洗礼者ヨハネが食べも飲みもしないことを批判し、その一方でイエスが飲み食いするのを批判しているのです。誰もがすぐに分かるように、彼らの批判は一貫していません。結局、彼らはヨハネやイエスを受け入れられない正当な理由があって受け入れないのではなく、初めから受け入れたくないのです。だから、受け入れないでよい理由を作り出そうとするのです。彼らの批判は言い訳にすぎません。彼らの言葉それ自体がこのことを明らかにしています。

しかし、おそらくもっと重要なのは、神を信じるということに関して、「今の時代」の人たちが自己矛盾に陥っているということでしょう。

前述したように、たとえの中で、遊びへの誘いを無視し続ける子供たちは、遊びたくないという意思表示をおこなっていることになります。しかし、彼らも広場にできた遊びの輪の中に入ってきたのです。当然、遊びたいという気持ちはあったのでしょう。明らかにこの子供たちは矛盾した行動を取っています。言い方を変えれば、彼らの遊びたいという気持ちが偽りであること、あるいは何かほかの目的があって広場に来たということを、彼ら自身の言動があらわにしてしまっているのです。子供たち自身がそのことに気づいているかどうかは分かりませんが……。

同じように、「今の時代」の人たちはイスラエルの民ですから、神への信仰を告白していました。特に、ファリサイ派の人々や律法学者たちは熱心に神を信じ、救いを待ち望んでいました（少なくとも自分たちではそう考えていました）。しかし、ヨハネが現れて、神の言葉を告げても、理由をつけて受け入れようとはしませんでした。イエスが現れても同じことでした。ヨハネやイエスを通してもたらされた神の言葉を受け入れないことは、神に対する彼らの信仰と矛盾します。こうして、彼らの信仰が見かけに反して偽りであること、あるいは純粋でないことが、彼ら自身の行動によって明らかにされているのです。彼らはそのことを認めようとしないかもしれませんが……。

このたとえは、「今の時代」、つまりイエスの時代の人々にだけではなく、今を生きるわたしたちにも向けられています。わたしたちも神への信仰を告白しています。

真剣に信じています（少なくともそう考えています）。しかし、その一方で自分に都合の悪いこと、面倒なこと、犠牲が必要なことになると、理由（というより言い訳）をつけて神の言葉や招きを受け入れないことがあります。これくらい大したことはないと、軽い気持ちでいることもあります。また、日々、さまざまな形で与えられる神の言葉、さまざまな人や出来事を通して自分に告げられる神の言葉を、それと気づかずに拒んでしまうこともあります。こうしたわたしたちの日々の行動は、実は、わたしたちの信仰がどこか偽りのものであること、純粋なものではないこと、たとえの子供のようにわがままで未熟であることを明らかにしているのです。

とはいえ、イエスのたとえは、批判することを目的としているのではありません。わたしたちのありのままの姿を明らかにすることによって、わたしたちがそのことに気づき、真の信仰へと到達するよう努めることをねらっているのです。

「知恵の正しさは、その業によって証明される」（11・19）。このたとえの結びの言葉です。わたしたちは、日々の生活の中で神の言葉を無視することによって、告白した信仰が偽りであることを証明してしまうのではなく、逆に神の言葉を生きることを通して、みずからの信仰が真正なものであることを証明するように招かれているのです。

愛のわざに神のゆるしを見る（ルカ7・36－50）

さて、ファリサイ派のある人が、イエスと食事をともにしたいと申し出た。そこで、イエスはそのファリサイ派の人の家に入って、食卓にお着きになった。ところで、その町には、一人の罪深い女がいた。彼女は、イエスがファリサイ派の人の家で食卓に着いておられることを知ると、香油の入った小さな壺《つぼ》を持って来て、泣きながらイエスの後ろから、その足元に近寄り、涙でイエスの足をぬらし始め、自分の髪の毛でふき、その足に接吻《せっぷん》して、香油を塗った。ところが、イエスを招いたファリサイ派の人はこれを見て、心の中で言った、「もし、この人が預言者なら、自分に触れている女が誰《だれ》か、またどんな女であるか分かるはずだ。あれは罪深い女なのだ」。そこで、イエスはその人に、「シモン、あなたに言いたいことがある」と仰せになると、シモンは、「先生、おっしゃってください」と言った。すると、イエスは仰せになった、「二人の人が、ある金貸しから金を借りていた。一人には五百デナリオン、もう一人には五十デナリオンの負債があった。ところが、二人とも返す金がなかったので、貸し主は二人の負債を帳消しにしてやった。この二人のうち、どちらがその人をより多く愛するだろうか」。シモンは、「多く帳消しにしてもらったほうだと思います」と答えた。イエスは、「その判断は正しい」と仰せになった。それから、イエスは女のほうを振り向き、シモンに仰せになった、「この女をご覧なさい。わたしが家に入って来ても、あなたは足を洗う水さえくれなかったが、彼女は涙でわたしの足をぬらし、自分の髪の毛でふいてくれた。あなたはわたしに接吻しなかったが、彼女はわたしが入って来た時から、わたしの足に接吻してやまなかった。あなたはわたしの頭に油を塗ってくれなかったが、彼女はわたしの足に香油を塗ってくれた。だから、あなたに言っておく。彼女の多くの罪が赦されたのは、彼女が多くの愛を示したことで分かる。少しだけ赦される者は、少ししか愛さない」。そして、イエスは女に、「あなたの罪は赦されている」と仰せになった。

そこで、同席していた人々は、「罪をも赦すこの人は、いったい何者だろう」と心の中で言い始めた。しかし、イエスは女に仰せになった、「あなたの信仰があなたを救った。安心して行きなさい」（ルカ7・36－50）。

福音書の中で、たとえは、さまざまなコンテキストでいろいろな方法で用いられます。ここで取り上げるたとえ（ルカ7・41－43）は、一つのエピソード（7・36－50）の中に組み込まれた形で語られます。

イエスは、シモンという名のファリサイ派の人の願いに応じて、彼の家で食事をすることになりました。イエスが食事の席に着くと、そこに一人の罪深い女性が入って来ました。問題なのは、この女性の行動です。福音書の記述によれば、「香油の入った小さな壺《つぼ》を持って来て、泣きながらイエスの後ろから、その足元に近寄り、涙でイエスの足をぬらし始め、自分の髪の毛でふき、その足に接吻《せっぷん》して、香油を塗った」（7・37－38）とあります。突然の行動に、イエスをはじめ、その場にいた人たちは、とても驚いたことでしょう。

「足」は、やはり「汚い」というイメージをともなう部分です。当時は素足にサンダル履きで、しかも道が舗装されてはいませんでしたから、足の汚れも実際にひどかったことでしょう。福音書の中でも、イエスが弟子たちの足を洗い始めたときに、ペトロがすぐさまそれを止めようとしています（ヨハネ13・5－8）。「先生」という立場の人が弟子の汚い足を洗うなどとんでもないことだ、という思いが社会通念としてあったのでしょう。

この罪深い女性は、「汚さ」の象徴とも言える足を、女性の美の象徴である髪の毛でふき、さらに足に「接吻し」、高価な香油を塗ります。コントラストの大きさは目をみはるものがあります。しかも、彼女は涙を流しながらこうしたことをおこなっています。涙は、人に言うことすらできない彼女の奥深い心情（悲しみ、辛さ、悔しさ……）を感じさせるものです。

このような場面を目にして、しかし、ファリサイ派のシモンは、女性の行動やその裏にある彼女の心の動きにまったく目を向けようとしません。彼の関心は、彼女が罪深い者であること、その罪深い者がイエスに触れているということだけに向けられています（ルカ7・39）。当時は、罪人の接触によって、罪を持たない人も罪の汚れに汚染されると考えられていました。このため、イエスは神の前で清い者であるために、当然、この女性との接触を避けなければならない、女性に対して自分に触れないように命じなければならないはずだ、ファリサイ派のシモンはそう考えていたのです。

そこで、イエスはシモンにたとえを語られます。二人の人が金貸しから金を借りていたが、どちらも返す金を持っていなかった。そこで、金貸しは借金を帳消しにすることにした。ただ、二人の借りていた額が異なり、一方はもう一方の十倍もの借金を帳消しにしてもらった。どちらが金貸しを多く愛するだろうか。このようなたとえです。単純明解なたとえです。シモンは、すぐに「多く帳消しにしてもらったほうだと思います」（7・43）と答え、イエスも「その判断は正しい」（同）と認めておられます。しかし、話はここから大きく展開していきます。

ここで福音書は、イエスが「女のほうを振り向き、シモンに仰せになった」（7・

44）と述べています。イエスは、それまでシモンと向き合って話しておられたはずですから、言葉どおりに受け取ると、イエスはそれからシモンに背を向けて話し始められたという、おかしなことになってしまいます。不都合を承知のうえで、ルカはなぜこのように記すのでしょうか。おそらく、ルカは「イエスのまなざし」を強調したいのだと思います。ルカは——しかもルカだけが——ペトロがイエスの弟子であることを三度否認したときにも、「その時、主は振り向いて、ペトロを見つめられた」（22・61）と記し、イエスのまなざしに言及しています。このまなざしは、相手の心の奥底にある苦しみや悔しさを深く理解する憐れみのまなざしなのでしょう。ファリサイ派のシモンが女性の罪と律法の規定しか見ていない、その同じときに、イエスは女性の行為の深い意味と、その行為に込められた彼女の切実な思いを見つめておられるのです。イエスのまなざしは、これから始まるイエスの話を先取りするものです。

イエスは、女性の行為を一つ一つ、シモンの行為（というよりも、むしろ彼がおこなわなかったこと）と比較なさいます。シモンがおこなわなかったこれらのこと

は、律法や慣習に照らして、義務ではありませんでした。ですから、イエスはここでシモンを非難しておられるわけではありません。むしろ、家の主人にとってすら義務でないことを、それをはるかに超える方法でおこなった女性の行為を強調しているのです。シモン、あなたは決して礼を失するようなことをしたわけではない。しかし、だとすれば、この女性の行為はなおのこと際立ったものではないか。なぜ、女性の罪にばかり目を向けて、この行為の意味を理解しようとしないのか。イエスは、そう問いかけておられるのです。

ここで、エピソードの中心とも言えるイエスの言葉が述べられます。「だから、あなたに言っておく。彼女の多くの罪が赦されたのは、彼女が多くの愛を示したことで分かる」（7・47）。たとえでは、多くゆるされた人は多く愛することが述べられました。しかし、イエスはこのメッセージが逆からも当てはまることを告げられるのです。多く愛する人は、すでに神からゆるされているはずだ。愛のわざ自体がそのことを示している、と。

ここで問題になっているのは、神の愛とゆるしなのです。イエスは、すでに、自分を憎む者や敵を愛するように命じられました。その理由として、悪人にも愛を示す御父の憐れみ深さを挙げられました（6・27－36）。父である神がこの愛でもって愛し、罪人のわたしたちをゆるしてくださる。だから、わたしたちも、神の子として、この神の愛を実践できるようになる、ということです。

イエスは、この女性の行為に度を超えた神の愛の現れをご覧になったのでしょう。規則や慣習の要求をはるかに超え、人々の侮蔑のまなざしもかえりみず、自分の持つ最高のものを汚すことすら惜しまなかった女性の行為。これほどの愛は、神から受け取らなければ示せるものではない、つまりこの人はすでに神から愛され、神からゆるされ、神の子とされているはずだ。イエスはそう確信なさったのでしょう。イエスのなすべきこと、それは、このすでにおこなわれた神のゆるしの事実を確認し、宣言なさることだけでした。「あなたの罪は赦されている」（7・48）。

イエスが、たとえを通して伝えようとなさったメッセージも、ここにあるようです。ある人が、神の愛に通じるような愛のわざをおこなうとき、その行為自体が、この人に働いた神の愛とゆるしを示しているのです。わたしたちは、相手が誰であっても——その人の性格や傾き、肩書きや地位、経歴や実績にかかわりなく——、「イエスのまなざし」で、その人の愛のわざの中に神の愛とゆるしを見抜くよう招かれているのです。

善いサマリア人のたとえ（ルカ10・25―37）

するると、一人の律法の専門家が立ち上がり、イエスを試みようとして尋ねた、「先生、どうすれば、永遠の命を得ることができますか」。そこで、イエスは仰せになった、「律法には何と書いてあるか。あなたはどう読んでいるのか」。すると、彼は答えた、「『心を尽くし、精神を尽くし、力を尽くし、思いを尽くして、あなたの神である主を愛せよ。また、隣人をあなた自身のように愛せよ』とあります」。イエスは仰せになった、「あなたの答えは正しい。それを実行しなさい。そうすれば、生きるであろう」。

するると、彼は自分を正当化しようとして、イエスに「わたしの隣人とは誰《だれ》ですか」と言った。イエスはこれに答えて仰せになった、「ある人がエルサレムからエリコに下って行く途中、強盗に襲われた。彼らはその人の衣服をはぎ取り、打ちのめし、半殺しにして去っていった。たまたま、一人の祭司がその道を下って来たが、その人を見ると、道の向こう側を通っていった。また、同じように、一人のレビ人がそこを通りかかったが、その人を見ると、レビ人も道の向こう側を通っていった。ところが、旅をしていた、一人のサマリア人がその人のそばに来て、その人を見ると憐れに思い、近寄って、傷口に油とぶどう酒を注ぎ、包帯をした。それから、自分のろばに乗せて宿に連れていき、介抱した。翌日、サマリア人はデナリオン銀貨二枚を取り出し、宿の主人に渡して言った、『この人を介抱してください。費用がかさんだら、帰ってきた時に支払います』。さて、あなたは、この三人のうち、強盗に襲われた人に対して、隣人となったのは、誰だと思うか」。律法の専門家が、「憐れみを施した人です」と言うと、イエスは仰せになった、「では、行って、あなたも同じようにしなさい」（ルカ10・25－37）。

「善いサマリア人のたとえ」は、ある律法の専門家とイエスとの問答の中で語られます。ルカ10・25－37の流れを記すと、導入（10・25a）、律法の専門家の質問

（10・25b）、イエスの問い返し（10・26）、律法の専門家の答え（10・27）、イエスの承認（10・28）、律法の専門家の質問（10・29）、たとえによるイエスの答え（10・30－35）と質問（10・36）、律法の専門家の答え（10・37a）、イエスの承認（10・37b）となっています。この流れの中に、すでに多くのメッセージを読み取ることができますし、テーマも永遠のいのちや、それを得るための愛のおきてという重要なものが取り上げられています。さらに、たとえ自体も豊かな意味を持っています。まずは、たとえそれ自体（10・30－35）について考えることにしましょう。

このたとえは、絵本や紙芝居などの題材としてもよく用いられます。たとえそのものが、簡潔でありながら、物語性を持ち、写実的で分かりやすく、起伏に富んだものだからでしょう。しかし、それだけに表面的、情緒的な理解にとどまってしまう危険があります。このたとえは、祭司やレビ人の不親切を責めたり、サマリア人の親切をたたえるために語られたのではありません。単に、人に親切にするようにとか、困っている人を助けるようにといった道徳的な教えを示すものでもありません。そのことを念頭に置きながら、あらためてこのたとえを読んでみることにしましょう。

まず登場するのは、エルサレムからエリコへ下っていく旅人です。この道は当時の幹線道路の一つでした。しかし、わずか三十キロメートルの道程で、標高七二〇メートルにあるエルサレムから、海面下二六〇メートルのエリコまで千メートル近い標高差を一気に下るこの道は、決して楽な道ではありませんでしたし、細く曲がりくねった道でした。そのような道で、この旅人は強盗に襲われてしまいます。「強盗」(10・30)と訳されている語が、正確にどのような人々を指すのかは明らかでありませんが、荒れ野や峡谷などで旅人(特に商人たち)の一団を待ち伏せては襲っていた盗賊たちのことでしょうか。いずれにせよ、この旅人は襲われ、半殺しにされてしまいます。

そこに「たまたま」(10・31)祭司が通りかかります。この「たまたま」という表現は、味わい深い言葉です。旅人は、このままだと確実に死が待っているという状況の中にありました。そこに、「たまたま」人が通りかかったのです。それはまさに、希望の光を感じさせる出来事でした。

しかし、通りかかった人は「たまたま」祭司でした。彼は倒れている人を助けるどころか、「道の向こう側」(10・31)を通って行ってしまいます。なんと思いやりのないひどい人間だろう。わたしたちは反射的にそのように感じてしまいます。しかし、律法に照らして考えると、祭司はそうせざるを得なかったと言うこともできるのです。

律法の規定では、血や死体は汚れたものと見なされており、これに触れる人も汚れた状態になります。汚れた状態にある人は、神の儀式に参加することができませんでした。祭司は、この儀式に奉仕する者でしたから、一切の汚れから身を守らなければなりませんでした。祭司の気持ちはどうであれ(もしかすると倒れている人を助けたかったのかもしれません)、彼は律法上、血まみれになった瀕死の人に触れることができなかったのです。ここで問題になっているのは、道徳的、道義的な気持ちではなく、律法と神への忠実さに関わることなのです。これは、次に通りかかるレビ人にも当てはまります。つまり、律法の視点に立てば、祭司やレビ人は、むしろ「正しいこと」をおこなったことになります。さらに、道の向こう側を通って行ったという表現も、この道がおそらく二人くらいしか並んで通ることのできない細い山道であったことを考えれば、現実には考えにくいことです。それは、面倒なことに関わりたくないという気持ちの表れというより、むしろ助けたいにもかかわらず、律法上それをおこなうことができないという彼らの心の葛藤を表しているとも言えるでしょう。

瀕死の旅人にとって希望の光であるはずの、「たまたま」通りかかった人は、しかし「たまたま」彼に触れることができない祭司であり、レビ人でした。「たまたま」という表現は、皮肉にも希望と絶望を同時に表しているのです。

そこに、今度はあるサマリア人が通りかかります。彼は、しかし、瀕死の旅人を助けます。このサマリア人とて、障害がなかったわけではありません。翌日にすぐ宿を出発した様子から、先を急いでいたことが伺えます。しかし、何よりも彼がサマリア人であったということが問題なのです。福音書にもしばしば出てきますが、ユダヤ人とサマリア人は非常に険悪な関係にありました。これは、歴史的な事実に由来しています。

もともと、ユダヤ人もサマリア人も、同じ一つの神の民を形作っていました。しかし、ダビデの王国が南北に分裂したことにより、イスラエル民族も二つに分かれ、別々の歴史を歩むことになります。北王国はサマリアを首都とし、南王国はエルサレムを首都とします。先に北王国が、アッシリアという大国に滅ぼされてしまうのですが、アッシリアはみずからが支配する諸民族の団結力を低下させるため、民族間の強制移動と異民族間の婚姻を進めます。北王国のイスラエルの民（後のサマリア人）に対してもこの政策を進めました。このため、彼らには異民族（イスラエルが「異邦人」と呼んでいた人々）の血が混じることになります。後に南王国も別の大国バビロニアに滅ぼされますが、占領政策が異なっていたため、南王国のイスラエルの民（ユダヤ人）は他民族との婚姻を免れました。こうした事実から、ユダヤ人はサマリア人を純粋なイスラエルの民（＝神の民）とは認めず、彼らを蔑視するようになりました。この信仰上の確執が、歴史的な数々の衝突を引き起こし、ユダヤ人とサマリア人は感情的にも反発し合うようになっていったのです。

このような関係にあったわけですから、たとえの中のサマリア人にも、そのまま通り過ぎてしまう正当な理由がありました。反発し合っていた間柄ですし、なによりもこの人を助けてしまえば、逆にサマリア人社会の中で反発を買い、今後の仕事や生活が危機にさらされるかもしれないからです。にもかかわらず、彼は倒れていた人を助けるのです。

通りかかった三人は皆、瀕死の人を助けるのを阻む重大な理由を持っていたのです。この三人の状況は、人々の救いのために働きたいと願いながら、さまざまな理由で十分にそれを実行できないでいるわたしたちの現状にも重なります。では、祭司やレビ人とサマリア人の違いはどこにあったのでしょうか。なぜ、サマリア人だけが人を助けることができたのでしょうか。

10・33の「ところが」という言葉は、大きな意味を持っています。サマリア人にも、この旅人を助けるのを妨げる事情があったのですから、同じように道の向こう側を通って行ったとしても不思議ではありませんでした。「ところが」サマリア人は違ったのです。

そして、この「ところが」から、たとえの語り口は大きく変化します。祭司とレビ人に関しては淡々とした簡単な記述であったのが、サマリア人に関しては急に細かな記述に変わり、旅人を介抱する様子を一つ一つ記していくのです。

明らかに、このサマリア人は、「応急処置」の範囲を越えたことまでおこなっています。傷の応急手当てをしただけでなく、苦労して険しい道を宿まで連れて行き、宿泊費、介抱にかかる費用を負担します。しかも、宿屋の主人に後を託し、費用についてはいくらかかっても後で自分が払うとまで言うのです。この旅人がいかに重傷であったとはいえ、まったく知らない人のためにいくらかかるか分からない費用まで負担するというのは相当なことです。サマリア人は、誰かから強制されたわけでもなく、また勧められたわけでもないのに、まるで当たり前のことのようにこうしたことをおこないます。

なぜ、サマリア人はこれほどの行動をとることができたのでしょうか。たとえが記す理由は、サマリア人が「その人を見ると憐れに思い」（10・33）ということです。しかも、それだけなのです。「憐れに思う」、この一言にどうやらすべてが込められているようです。

「憐れに思う」という訳語は、日本人読者に誤解を与えやすい言葉です。「憐れには思うが何もしなかった」という表現のように、心の中でそう思いはするが、実際にその思いを実行に移すかどうかはまだわからないといった意味にも取ることができるからです。

しかし、「憐れに思う」の本来の意味はまったく異なるものです。この語は、ギリシア語で「内臓がねじれるように痛む」というような語源を持っています。ある人の痛みや困難を前にして、自分もこらえきれないような痛みを感じる。自分の内側に、しかもいのちにかかわる部分にその痛みを感じる。その人の必要を満たすまでは、自分の痛みも癒えることはない。だから、じっとしてはいられない、その人のために徹底的にかかわらないではいられない、自分にできるかぎりのあらゆることをおこなわないではいられない。それが「憐れに思う」という語の本来の意味です。ですから、憐れに思うが、実際には何もしないということはあり得ないのです。憐れに思うということは、自分の側の事情を越えて、相手のためにでき得るかぎりのすべてをしないではいられないということなのですから。だからこそ、サマリア人は、民族としての確執を超えて、しかも徹底して傷ついた旅人にかかわるのです。わたしたちには、そこまでしなくてもよかろうに、と思えるかもしれませんが、「憐れに思った」サマリア人はそうしないではいられなかったのです。

「憐れに思う」、「憐れみ深い」という言葉は、聖書の中で重要な位置を占めています。神の特性を端的に表す言葉だからです。神には、人間を救う必然性などありませんでした。また、神は聖なるお方ですから、罪に汚れた人間とのかかわりを避ける正当な理由がありました。しかし、神は憐れみ深い方です。人間の状況を見て、憐れに思われる方です。だから、人間をその罪から救うために、あらゆることをおこなわないではいられないのです。イスラエルの民は（そしてわたしたちも）、歴史の中で何度も神のこの憐れみを体験してきました。だから、このたとえを聞きながら、瀕死の旅人に対するサマリア人の姿に、自分たちに対する神の姿を重ね合わせたことでしょう。

サマリア人は、困難にあえいでいるわたしたちを見て、自分の事情があるにもかかわらず、すべてを投げ打って救わずにはいられない神の姿を表しています。同時に、神のこの憐れみを受けて、人々に対して同じ憐れみを実践せずにはいられない、神の子らの姿をも表しています。一方、祭司やレビ人は、人を助けたいとは思いながらも、さまざまな理由により、神から与えられた憐れみを実践できずにいる人を表していると言えるでしょう。

わたしたちはみな、困っている人々を助けたいと望んでいます。しかし、望みながらもそれを妨げるさまざまな理由があり、なかなか実行に移せないでいます。たとえの中にあるように、それはほとんどの場合、正当な理由なのです。イエスは、その正当性を否定してはおられません。

しかし、わたしたちは神の「憐れみ」によって救われ、神の憐れみそのものである聖霊をこの身に受けました。この憐れみは、わたしたちを駆り立ててやまないはずなのです。それを実行しないなら、わたしたち自身も痛みを感じないではいられないくらいに。そして、それを妨げるどんな正当な理由があっても、抑えることのできないくらいに。この「憐れみ」の力に身を任せることができるか、それとも種々の事情の中にそれを押し込めてしまうか。「善いサマリア人のたとえ」は、このことをわたしたちに問いかけているのでしょう。

これまでは、たとえそれ自体を見てきましたが、さらに前後の文脈を読みながら、たとえのメッセージを深めてみたいと思います。

このたとえは、有名なものだけに、しばしば文脈から切り離されてしまい、たとえだけが一人歩きをしてしまいます。このたとえがどのような状況で語られたのか問いかけてみても、答えられない人が多いのではないでしょうか。

このたとえは、ある律法の専門家とイエスとの問答の中で語られます。先に述べたことの繰り返しになりますが、10・25－37の流れをもう一度記すと、導入（10・25a）、律法の専門家の質問（10・25b）、イエスの問い返し（10・26）、律法の専門家の答え（10・27）、イエスの承認（10・28）、律法の専門家の質問（10・29）、たとえによるイエスの答え（10・30－35）と質問（10・36）、律法の専門家の答え（10・37a）、イエスの承認（10・37b）となっています。

全体のテーマは、律法の専門家の最初の質問に述べられているように、「どうすれば、永遠の命を得ることができますか」（10・25）ということです。その答えとして、愛のおきて、すなわち全身全霊を尽くしてなされる神への愛と隣人への愛が示されます。このように非常に重要なテーマの中で、たとえが語られています。

さて、律法の専門家とイエスのやりとりにはとても興味深い点が見られます。質問をしているのが律法の専門家なのに、答えているのも律法の専門家であるということです。最初に、律法の専門家がイエスに質問をします。当然、わたしたちはイエスがこれにお答えになることを予期します。しかし、イエスはみずから答えることをせずに、逆に律法の専門家に質問を返されるのです。律法の専門家はこれに答えます。そして、イエスはこの答えを承認し、それを実行するようお招きになります。

このやりとりの後、再び律法の専門家が質問をします。イエスは今回はたとえを語り、一見、質問に答えておられるように見えます。しかし、このたとえも質問で終わっています。結局、答えているのは律法の専門家です。イエスはと言えば、この答えを実行するよう、再び招かれるのです。

イエスのこのような受け答えは、他の箇所でも見られるものです。なぜ、イエスはみずから答えるのではなく、相手に答えをお求めになるのでしょうか。

律法の専門家が「イエスを試みよう」（10・25）としていたため、イエスは言質《げんち》を取られないようになさりたかったのだと考えることもできるでしょう。あるいは、律法の専門家に答えさせることによって、その実行を迫ろうとなさったとも考えられます。さらには、律法の専門家がイエスの答えの善し悪しを律法の権威者として判定して、威厳を示そうと考えていたのを見抜かれたイエスは、逆に自分こそが律法の専門家の答えを判定する権威を与えられた者であることを示そうとなさったのかもしれません（実際に、ここではイエスが律法の専門家の答えを承認しておられます）。

しかし、それ以上に、イエスは律法の専門家が通り一遍の教えに満足するのではなく、本当の意味で救いの神秘に分け入る歩みをおこなうように招きたかったのだとも考えられます。ここでのテーマは、永遠のいのちという救いの神秘にとって根本的なものですが、救いの神秘は、人の教えを聞き、それを理解すれば十分といったものではなく、言葉の表面的な意味を超えて、常にその深みを味わっていくべきものです。知的な理解にとどまらず、その人自身の生活の中に具体的にしみわたっていくはずのものです。答えを探すこと、それを自分の言葉で表現することによって、律法の専門家自身もこの救いの歩みをおこなうことができるようにするため、イエスは相手に答えを求められたのかもしれません。

たとえの後になされるイエスの問いかけにも注目してみましょう。「あなたは、この三人のうち、強盗に襲われた人に対して、隣人となったのは、誰だと思うか」（10・36）。これがイエスの問いです。しかし、たとえの前になされた律法の専門家の質問は「わたしの隣人とは誰ですか」（10・29）というものでした。イエスは、明らかに質問の視点を変えておられます。

律法の専門家の質問は、「わたし」を中心に置いて考え、わたしが愛さなければならない隣人とは誰かを問うものでした。イエスの質問は、逆に強盗に襲われた人を中心に置いて考え、誰がその隣人となったかを問うものとなっています。さらに、イエスの最後の言葉、「行って、あなたも同じようにしなさい」（10・37）をも考慮すると、律法の専門家自身がこのような人の隣人となっているかどうかを問うものとなっています。

イエスが質問を変えられるのは、律法の専門家の問い方そのものが間違っていることを指摘するためと考えることができます。愛のおきてを前にして、律法の専門家は、自分が愛すべき隣人とは誰かを問題にします。しかし、イエスはたとえを通して、愛のおきての根本を問い直されるのです。重要なのは、わたしたちを愛さずにはいられない神、その必要もないのにわたしたちのために何かをしないではいられない神の憐れみを理解し、この憐れみをもって神に接し、人々に接するということです。それをイエスは、「強盗に襲われた人に対して、隣人となる」という言葉で表現なさったのです。

神の憐れみを理解し、それを身に受けた者は、相手が誰であっても、どのような障害があったとしても、今、助けを必要としている人を「憐れに思う」はずだ、この人のために何でもしてあげたい、いやしないではいられなくなるはずだ（イエスは、10・28と10・37で、憐れみの必然的な側面である「おこない」を強調しています）。それが、愛のおきてを守るということなのであり、永遠のいのちを受けるということなのだ。このことを理解するようにイエスは招いておられるのでしょう。

善いサマリア人のたとえを読みながらわたしたちが求められていることは、サマリア人の親切に感動したり、祭司やレビ人の行動に憤ったり、これを裁いたりすることではなく、サマリア人の姿が指し示す愛のおきての本当の意味を理解することなのです。そして、この生き方をわたしたち自身の生き方と照らし合わせ、実践し、最後にはわたしたちも永遠のいのちを得ることなのです。

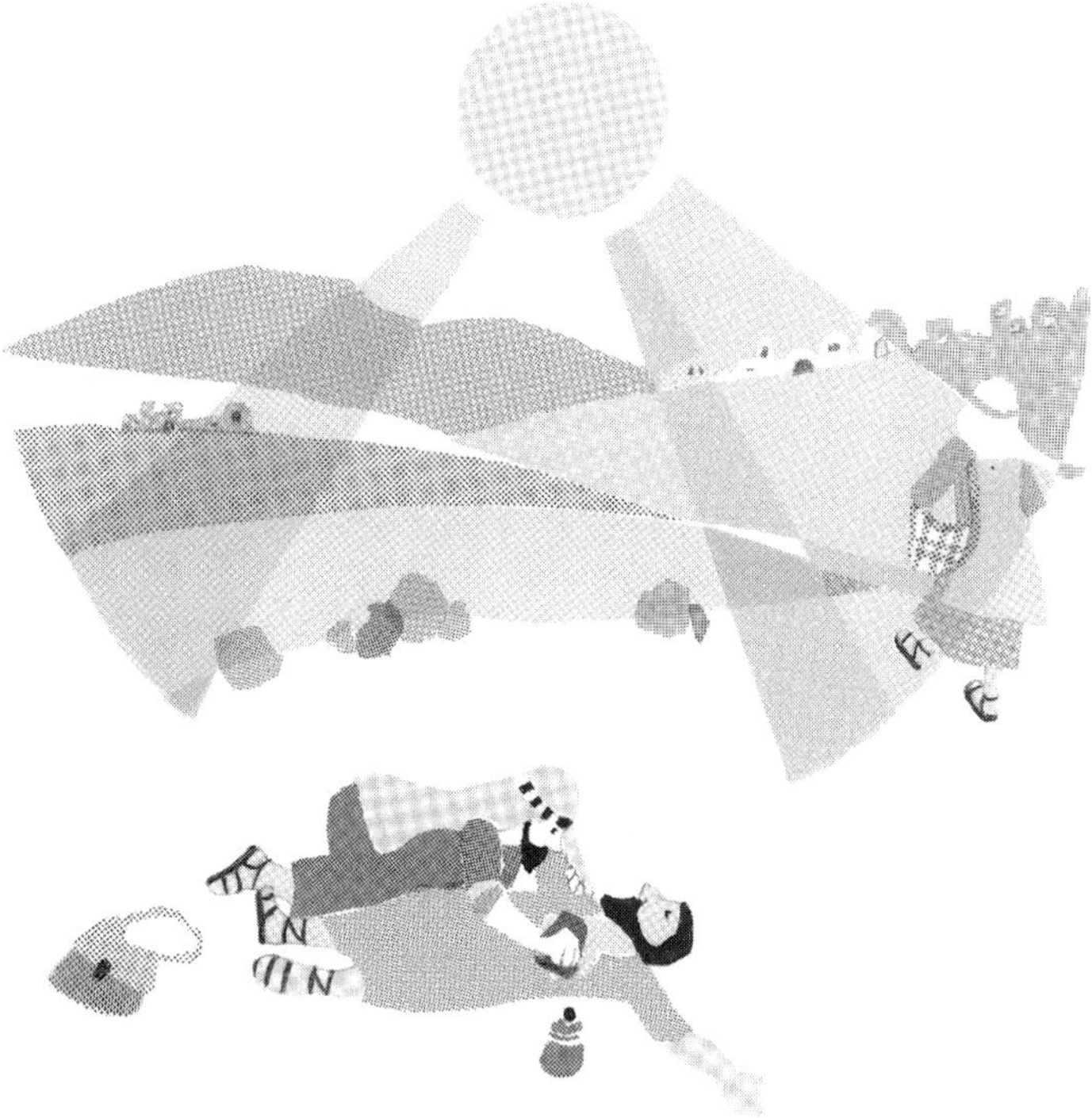

断られても願い続ける人のたとえ（ルカ11・5－8）

そしてまた、イエスは弟子たちに仰せになった、「あなた方の誰かに友人がいて、真夜中にその人の所に行って、『友よ、パンを三つ貸してください。友人が旅の途中で立ち寄ったが、何も出すものがないから』と言うとする。すると、彼は家の中から『面倒をかけないでくれ。もう戸は閉めたし、子供たちと一緒に床に入ってしまった。起き出して、貸すわけにはいかない』と答えるに違いない。しかし、あなた方に言っておく。友人だからといって、その人が起き出して、貸してくれることはないかもしれない。しかし、その執拗さに起き出して、必要なものを何でも貸してくれるだろう」（ルカ11・5－8）。

このたとえは、「しつこく頼む友人のたとえ」とか「うるさい友人のたとえ」とも言われますが、否定的な先入観を与えかねないので、「断られても願い続ける人のたとえ」としました。

さて、このたとえは、いきなりある人が、友人のところに行って頼みごとをするところから始まります。その言葉から推察すると、別の友人が旅行中にその人の家に立ち寄ったこと、しかしその人の家ではちょうど友人に出すパンを切らしていたことが伺えます。そこで、この人は先の友人の家に行き、パンを三つ貸してくれるように願います。しかし、友人はすでに戸締まりをして寝ており、この人の願いを断ってしまいます。そういう状況の中で、イエスは言われるのです。それでもしつこく頼めば、友人は根負けをして願いをかなえてくれるにちがいない、いや「必要なものを何でも貸してくれるだろう」（11・8）と。

このたとえを十分に理解するためには、当時の家や生活の様子を知っておく必要があるでしょう。わたしたちは、無意識のうちに自分の生活習慣に当てはめて考えてしまうからです。

たとえば、皆さんの家に夜、友人が訪ねてきて、何か食べる物を願ったと想像してみてください。皆さんはどのようなことをするでしょうか。まず、ベッドや布団から起き出して、電気のスイッチを入れるでしょう。それから上着を羽織り、玄関のところに行って、用件を聞くことでしょう。インターホンがある家では、わざわざ玄関に行かずに応対できるかもしれません。そして、キッチンに行って、電気をつけ、食べ物を探し、玄関まで戻ってきて、友人に渡すことでしょう。イエスのたとえを聞きながら、このような光景を想像する人はいないとしても、多かれ少なかれ、わたしたちは無意識のうちにこのようなイメージに影響されているのです。

イエスの当時の庶民の家は、一部屋だけの簡単な造りのものがほとんどでした。この部屋で、一家全員が寝ていました（たとえの中でも「子供たちと一緒に床に入ってしまった」〈11・7〉と言われています）。そこにパンを願って、友人が戸口に立ったわけです。起きてパンを与えるためには、まず、真っ暗な中、ランプに火を灯さなければなりません。そして、ランプを持って、パンがあるかどうか確認しに行かなければなりません。廊下などありませんから、戸口に行くまでには、寝ている家族の上をまたいでいかなければなりません。すべてランプの暗い光の中でおこなうわけですから、家族を起こしてしまうことになるでしょう。今とは比べものにならないほど大変な手間ひまがかかるうえに、一家を巻き込んだ大騒動になりかねないことなのです。たとえの中の友人が、起きてパンを与えるのをしぶったのも十分にうなずけることでした。

しかし、断られた人がなおも執拗に頼み続けたとすれば、結局はその物音で家族全員が起きてしまうわけですし、願いをかなえるまで引き下がることはなさそうだと分かれば、騒ぎが長引く前に、友人がしぶしぶではあっても、パンを貸し与えるであろうことは想像に難くありません。11・8の「何でも貸してくれるだろう」という表現は、友人の思いを逆説的な形で見事に表しています。本来であれば「何でも」どころか、面倒を避けるために「何も」与えたくないのに、面倒を長引かせたくないがために「何でも」与えるはめになってしまうのです。

それにしても、たとえのメッセージはいったいどのようなものなのでしょうか。執拗に頼めば、神もこの友人のように根負けをしてわたしたちの願いを聞いてくださるということなのでしょうか。

このたとえが置かれている文脈に目を留めてみましょう。たとえは、「主の祈り」

に続いて述べられています。しかも、ルカ福音書では、イエス自身の祈りの姿を見た弟子たちが、祈りを教えてほしいと願い、それに対してイエスが「主の祈り」を教えたことになっています。さらに、たとえの直後の11・9は、「そこで、〔わたしは〕あなた方に言っておく」という表現で始まっています。このことからも分かるように、11・9－13はたとえを受けたうえでの結論的な教えとなっています。前後を含めた文脈のテーマは、神に祈るとき、どのように祈るべきかということのようです。

そこで、11・9－13に目を向けてみると、まず、有名な「求めなさい。そうすれば与えられる」という教えが述べられます。これは、たとえの最後にあった「何でも貸してくれる」（11・8、ギリシア語原文では「何でも与えてくれる」）との教えを普遍化して述べたものです。次いで、魚や卵を欲しがる子供に、蛇やさそりを与える父はいないという明白な事実が述べられます。その後、「このように、あなた方は、悪い者であっても……。それなら、天の父が……のは、なおさらのことである」（11・13）という論法で、神が求める者に聖霊を与えてくださるはずであることが結論づけられています。

こうして見ると、「悪い者であっても……、それなら、天の御父が……のは、なおのこと」という論法は、11・5－8のたとえにも当てはまることが分かります。たとえが示しているのは、人間同士の間での出来事です。しかし、たとえはこの人間同士の関係から、人間をはるかに超える神との関係に思いを巡らせるよう促しているのです（たとえには、このような用法もあります）。

たとえは、執拗さに負けてパンを貸し与えてくれた友人のように、神もわたしたちが執拗に頼めば願いを聞いてくださるということを言おうとしているのではなく、人間が、パンを求める友人にしぶしぶであってもこれを与えるならば、まして神が喜んで願いを聞いてくださるのはなおさら当たり前のことではないか、と言おうとしているのです。

わたしたちの祈りが聞き入れられるのは、わたしたちのしつこさゆえではありません。神が人間とは比べ物にならないほどの大きな心で、父としてわたしたちを愛してくださり、わたしたちの願いを聞き入れないではいられないお方、わたしたちに聖霊を与えないではいられないお方だからなのです。わたしたちはこのことを確信しています。だから、表面的には聞き入れられないことがあるように思える中でも、信頼と確信をもって祈り続けることができるのです。

ところで、わたしたちの祈りは、必ず聞き入れられるとの確信に満ちたものとなっているでしょうか。往々にして、祈る先からあきらめや疑心暗鬼に満ちたもの、言葉とは裏腹に心の中では「どうせ祈っても……」といった思いに覆われた祈りになってはいないでしょうか。祈るときの姿勢、そこで問われているのは、父である神への信頼とその愛の力に対する確信なのです。

やもめと裁判官のたとえ（ルカ18・1－8）

　さて、イエスは弟子たちに倦《う》むことなく、絶えず祈ることを教えるために、一つの喩《たと》えを語られた、「ある町に、神を畏《おそ》れず、人を人とも思わない裁判官がいた。同じ町に、一人のやもめがいたが、いつも彼の所に来て、『どうか、わたしの敵を裁いてください』と言っていた。しばらくの間、この裁判官は聞き入れようとはしなかったが、やがて心の中で思った、『わたしは神をも畏れないし、人を人とも思わない。しかし、あのやもめは煩わしいから、裁いてやることにしよう。そうでもしなければ、絶えずやって来て、わたしをうんざりさせるに違いない』」。それから、主は仰せになった、「この不正な裁判官の言うことを聞きなさい。まして神は、昼となく夜となく、ご自分に叫び求める選ばれた人々のために、裁きを行わず、そのまま、長い間放っておかれることがあるだろうか。あなた方に言っておく。神は速やかに彼らのためにに裁いてくださる。しかし、人の子が来るとき、地上に信仰が見出されるであろうか」（ルカ18・1－8）。

「断られても願い続ける人のたとえ」（11・5－8）とよく似たたとえが、ルカ福音書にはもう一つあります。それが「やもめと裁判官のたとえ」です。

このたとえの特徴の一つは、冒頭でたとえの目的が明示されていることです。「倦むことなく、絶えず祈ることを教えるために、一つの喩《たと》えを語られた」（18・1）とあります。祈りはするものの、祈ったことがなかなか叶《かな》えられない、少なくとも叶えられているようには見えない。そのような時、人は落胆し、祈ることをやめてしまう。しかし、そういう状況の中でも決して気を落としてはならない。絶えず祈ることが大切である。そのことを教えるために、たとえが語られたと記されています。

さて、このたとえには二人の人物が登場します。裁判官とやもめです。やもめとは、夫を先に亡くし、今も結婚をせずに生きている女性のことです。イエスの時代のパレスチナでは、やもめは非常に弱い立場に置かれていました。当時は、いわゆる家父長制が社会制度として定着していました。家族（より大きな意味では一族）の代表者が明確に存在し、この人が社会的にその家族全体（人であれ、家畜であれ、物であれ、そこに属するものすべて）についての権利と義務、責任を負うという制度です。ほとんどの場合、この代表者は夫で、妻やまだ独立していない子供は、常にこの代表者を通して、社会の営みに参加していました。その一方で、代表者には家族に属する者を保護し、社会でその声を代弁するという重大な義務がありました。このような社会状況にあって、夫を失った女性や父親を失った子供は、社会の中で非常に弱い立場に立たされました。夫を失う、父親を失うことが、社会への窓口を失い、自分の権利を主張する場や手段を失うことを意味していたからです。このため、「やもめ」や「親のいない子供」は、次第に、保護を受けることのできない弱者の象徴としての意味を持つようになっていきました。

しかし、神の民としては、彼らもその一員であり、主である神の保護の下にあります。イスラエルの民は、神への信仰に基づき、弱い立場にある彼らを不当に扱うことなく、保護するよう求められていました。そして、「やもめ」や「親のいない子供」が弱者の象徴的存在になるにつれて、彼らを十分に保護することが、神を信じていることの「しるし」と考えられるようになっていきました。

社会の中で自分の権利を主張する手段を持たないやもめは、裁判に訴えることもできません。しかし、社会的には許されていなくとも、イスラエルの信仰に基づいて裁きをおこなってくれるかもしれない裁判官の存在は、やもめにとって唯一の拠《よ》りどころでした。そこで、このやもめは自分を守ってもらえるように、裁判官に頼みに行きます。ところが、この裁判官は「神を畏れず、人を人とも思わない」（18・2）、「不正な」（18・6）裁判官でした。彼は、やもめの訴えに耳を貸そうとしません。しかし、やもめにとっては死活問題です。裁判をしてくれるよう、やもめは必死になって求め続けます。すると、「あのやもめは煩わしいから」（18・5）という理由で、裁判官はやもめのために裁判をすることにします。もともと、裁判官はやもめのことを考えていたわけではなく、単に自分の利益にならないから取り合わなかっただけです。だから、裁判をするほうが面倒なことも片付くとなれば、すぐにそうするのです。

理由はどうであれ、たとえが重視しているのは、やもめが必死に願い続けたことによって、これほど不正な裁判官であったにもかかわらず、裁きをおこなったという事実です。そこから、イエスは、「断られても願い続ける人のたとえ」と同じ論法で結論を導き出します。つまり、これほど不正な裁判官でさえそうしたのであれば、「まして」（18・7）限りなく正しい裁き手である神は、絶えず祈り求める人たちを放っておかれることはない。いや、「速やかに」（18・8）裁いてくださる、ということです。

この「まして」という論法は、面白い側面を持っています。たとえであるかぎり、ある共通の要素を土台として結論が導き出されます。ここでは、「裁きをおこなう者」という共通要素を土台として、不正な裁判官の行為から神の行為が結論づけられています。しかし、その裁きという共通の行為は、不正な裁判官の裁きと神の裁きとが質的にむしろ対極に置かれ、神の裁きが不正な裁判官の裁きをはるかに凌駕するということを強調する形になっています。つまり、不正な裁判官と神との対比が大きければ大きいほど、この論法の効果も上がるわけです。裁判官の不正さが繰り返し述べられているのも（18・2、4、6）、この対比効果を大きくするためと言えるでしょう。裁判官の利己主義、計算高さが強調されればされるだけ、たとえの聴衆は、神の裁きをよりすばらしいものとして思い浮かべることができるのです。

しかし、不正な裁判官と神との大きな対比が存在するということは、このたとえの目的である「絶えず祈る」というテーマも、やもめと裁判官という枠組みをはるかに超える枠組みでわたしたちと神との関係をとらえ直されなければならないことを意味します。やもめと裁判官の間では、やもめが願い続けたことによって、裁判官はその願いを聞き入れました。願いを聞いてもらうことが、やもめにとって最も重要なことであり、そのために願い続けたのです。しかし、わたしたちと神との間では、状況は変わってきます。

神はわたしたちの祈りを速やかに聞き入れてくださいます。だから、祈りが聞き入れてもらえるかどうかということは、もはや問題ではありません。重要なのは、神が聞き入れてくださることに本当に信頼できるかどうかということです。聞き入れてもらうために絶えず祈るのではなく、聞き入れてもらえるという信頼を持っているから祈り続けるのです。このことは、たとえの結びでも強調されています。「しかし、人の子が来るとき、地上に信仰が見出されるであろうか」（18・8）。わたしたちは、速やかに聞き入れてくださる神に祈っているにもかかわらず、しばしばやもめと裁判官の枠組みから抜け出すことができず、祈りが聞き入れられるかどうかばかりを気にしています。結びの言葉は、この事実を鋭く浮き彫りにし、みずからの祈りを信頼に満ちた祈りへと変えていくように、わたしたちを招いているのです。

ただし、どんな祈りでも聞き入れられるというわけにはいかないようです。このたとえは、明らかに真剣な祈りを前提にしています。やもめは、冷たくあしらわれても、あきらめることなく必死に願い続けました。結論でも、イエスは「昼となく夜となく、ご自分に叫び求める選ばれた人々」（18・7）と述べ、その祈りが心からの叫びであることを前提にしています。わたしたちの祈りが、やもめの願いほど真剣なものであるかと問われれば、やはり反省せざるを得ないようです。

わたしたちがいつでも真剣に祈ること。そしてこの祈りを神が速やかに聞き入れてくださることに確信をもって、どんな状況でも落胆することなく祈り続けること。これこそ、たとえが示す祈りの姿なのです。

ところで、このたとえは、読み方によっては強い疑問を感じさせるものです。たとえの目的は、倦むことなく絶えず祈らなければならないことを教えるため、ということでした。また、たとえの中でも、やもめが必死になって願い続ける姿が描かれ、たとえの結論でも、「昼となく夜となく、ご自分に叫び求める選ばれた人々」(18・7)という表現が用いられています。ここには、祈りがなかなか叶えられないと思われる中にあって、なお必死に願い続ける状況が前提となっているようです。その一方で、神は「速やかに」(18・8)裁いてくださると述べられています。だからこそ、このことに信頼して、前述のような状況にあっても祈り続けることが求められているわけです。

しかし、神がすぐに裁いてくださるのだとすれば、願いはすぐに叶えられるわけですから、そのことについて願い続ける必要はなくなるわけです。そもそも、倦むことなく絶えず祈らなければならないという状況自体、神が速やかに願いを聞いてくださらないから生じるのではないでしょうか。この疑問点から出発して、たとえをさらに読み深めていきたいと思います。

まず、このたとえのキーワードの一つとなっている「裁き」について考えてみましょう。「裁き」の本来の意味は、義・正義を打ち立てるということです。「正義」とは、簡単に言うと、ある普遍的な基準にのっとっている状態のことを言います。その基準とは、法律であったり、社会秩序であったりするわけですが、究極的には、本来あるべき秩序、真理であり、わたしたち信仰者にとっては、神のみ心、その救いの計画ということになります。こうした基準にのっとった行為を「正しい」行為、義にかなった行為と言い、これに背く行為を「正しくない」行為と言うわけです。

したがって、「裁き」とは、ある特定の行為や状態に対して、それが基準にのっとったものであるかどうかを判断し、本来あるべき状態を回復させる（つまり、「正しい」状態にする）ための処置を施すことを意味します。イスラエルの場合で言うと、基準は神のみ心であり、それを表すものが律法でしたから、裁くとは、律法に照らして判決を下し、必要な処置を施す（たとえば、罰を下すことによって、不当な損害に対する補償をさせる）ことを意味していました。もちろん、基準となる神のみ心を完全に知っているのは神だけです。そのため、神だけが唯一最高の裁き手であり、人間のおこなうあらゆる裁きは、神の裁きを反映するものでなければならないということになります。

さて、「やもめと裁判官のたとえ」に話を戻しましょう。ここで重要なのは、イエスが、神は「願いを叶えてくださる」と言うのではなく、「裁いてくださる」（18・8）と言っておられることでしょう。すでに述べたように、神の裁きとは、その救いの計画に基づいてなされるものです。わたしたちの願いや思いに基づいてなされるわけではありません。当然、神の裁きの結果も、わたしたちの思いや望みとは異なることがあります。

たとえの中で、裁判官はやもめのために裁判をおこないます。それによって、やもめは自分の正当な権利を保護してもらうことができるでしょう。しかし、だからといって、やもめの言い分がすべて通るとはかぎらないのです。

神が裁いてくださるとは、わたしたちの願ったことを、願ったとおりの形で与えてくださるということではなく、神のみ心の中でわたしたちの救いにとって最もふさわしいこと（つまり、神の正義）を実現してくださるということなのです。

このことを最もよく表している例は、イエスご自身のゲッセマネでの祈りです（ルカ福音書の場合、22・39－46）。イエスは、十字架上の死を前にして、御父に「この杯をわたしから取りのけてください」（22・42）、つまりこの苦しみを自分に負わせないでくださいと祈られました。イエスの祈りは真剣そのものでした。しかし、イエスのこの祈りは聞き入れられませんでした。イエスは想像を絶するような苦しみの中で十字架にかけられ、死んでいかれます。では、神は何もなさらなかったのでしょうか。

たとえの言葉を借りれば、「神は速やかに裁いてくださった」のだと思います。神は、全人類の救いのために、その独り子イエスが十字架にかけられて死ぬことをお定めになりました。神は、その救いの計画に基づいて、イエスにとって、また全人類にとって最もふさわしいことを実現なさったのです。

この実現のためには、苦しみがともないました。イエスも気を落としそうになることがあったことでしょう。しかし、イエスは神に信頼しておられました。苦しみの中でも、神がそのみ心をおこない、救いを実現されることを確信していました。それが、先の「この杯をわたしから取りのけてください」に続く、「しかし、わたしの思いではなく、み旨が行われますように」（22・42）という言葉に表れています。倦むことなく絶えず祈るとは、こういうことを意味しているのでしょう。こうして見ると、神の速やかな裁きの中でも、絶えざる祈りが必要なことがよく分かります。

神は速やかに裁いてくださいます。しかし、それはわたしたちの望みとは異なっていることがあります。そのため、わたしたちには祈りが叶えられているように思えません。苦しみが軽くなるわけでもありません。気を落としそうになることもあります。だからこそ、そのような中でも、神の裁きが速やかにおこなわれていること、わたしたちの救いのために最もふさわしいことを神が実現し続けておられることに信頼して、祈り続けることがわたしたちに必要なのです。「わたしの思いではなく、み旨が行われますように」と。

愚かな金持ちのたとえ（ルカ12・13－21）

ところで、群衆の一人がイエスに言った、「先生、遺産をわたしと分けるよう、兄弟におっしゃってください」。すると、イエスは仰せになった、「友よ、誰《だれ》が、わたしをあなた方の裁判官、または仲裁者に立てたのか」。それから、人々に向かって仰せになった、「あらゆる貪欲に気をつけ、用心しなさい。人の命は、財産の多さによるものではないからである」。

そこで、イエスは、彼らに一つの喩《たと》えを語られた、「ある金持ちの畑が豊かに実った。その人は心の中で、『作物をしまっておく場所がないが、どうしようか』と思い巡らし、こう言った、『そうだ。倉を取り壊して、もっと大きいものを建て、そこに穀物や貴重品を全部しまっておこう。そして自分自身に言おう。お前は、長い歳月を過ごせるだけの素晴らしいものを存分に蓄えた。さあ休んで、食べたり飲んだりして楽しめ』。しかし、神はその人に仰せになった、『愚か者、今夜、お前の命は取り上げられる。そうすれば、お前が蓄えた物は、いったい誰《だれ》のものになるのか』。自分のために宝を蓄えても、神の前に豊かにならない者は、このようになる」（ルカ12・13－21）。

ルカ福音書を少し後戻りして、「愚かな金持ちのたとえ」を読み深めることにしましょう。この教えは、ルカ福音書だけに見られるもので、群衆の一人の願いをきっかけとして（12・13）、イエスの答え（12・14）、貪欲に対する警告（12・15）、たとえによる説明（12・16－20）、結び（16・21）と続きます。一読しただけでも、15節の貪欲に対する警告と21節の結び句が中心メッセージであることがわかります。ルカ福音書は、四福音書の中で、富や財産の危険に最も敏感な福音書であると言われています。この箇所も、貪欲の危険を指摘しています。

しかし、よく読んでみると、この箇所におけるイエスの言動には納得しがたいものがあることに気づかされます。

まず、冒頭の人の願いについてですが、「遺産をわたしと分けるよう、兄弟におっしゃってください」（12・13）と言っていますから、この人は長子ではなく、父親の遺産を受け継ぐことができない状態にあったようです。当時の財産相続の決まりがどのようであったかについては、必ずしも明確ではありませんが、原則的に家を継ぐ長子に決定権（少なくとも優先権）があったということでしょうか。しかし、ルカ15・12では、父親に対して弟が自分のもらえることになっている財産を求めており、実際にその分け前を受けていますから、長子でなくても一定の取り分が保証されていたようにも見えます。

12・13に出てくる人の場合、この人の長兄が父親の財産を全部相続してしまったのでしょう。彼はこのことを不当に感じます。実際に、分け前をもらえなければ生活にも支障を来したのでしょう。イエスのもとに訴え出て、この件を解決してくれるよう求めます。当時は、こうしたもめごとの解決を高名な律法学者などに依頼することがあったようです。この人も、イエスがその権威をもって、兄を説得してくれればと考えたのでしょう。

しかし、イエスの口からは、思ったような返事は返ってきませんでした。むしろ、冷たく突き放すような答えが返ってきます。「誰が、わたしをあなた方の裁判官、または仲裁者に立てたのか」(12・14)。イエスは、病気の人や悪霊に取りつかれている人をたくさん癒やしておられました。罪人や徴税人といった、社会から疎外されている人々とかかわり、彼らに神の救いを告げ知らせておられました。当然、弱者の味方と受け止められていたことでしょう。しかし、この箇所では、弟という、弱い立場にあって財産の分け前を受け取ることができない人に対して、イエスはずいぶん冷たい態度を取っておられます。ルカ福音書が、社会的な弱者に対するイエスの憐れみを強調していることや、この箇所がルカ福音書だけに固有のものであることを考えると、なおさら違和感が強くなります。前回までのたとえの中で強調されていた、人々の願いを聞き入れずにはいられない神の姿とも相いれないように思えます。なぜ、イエスはこのような態度を取られたのでしょうか。

しかも、この人の必死の訴えを、イエスは「貪欲」と受け止めておられるようです(12・15)。この人の態度は、貪欲と呼ぶべきものなのでしょうか。

　また、これに続くたとえ（12・16－20）は、文脈から考えて、15節の貪欲に対する警戒についての説明となっていますが、このたとえも貪欲という概念とは、ずれがあるように思えます。貪欲とは、際限なく富や財産を求めることですが、たとえに登場する金持ちは、決して限りなく富を求めているわけではありません。むしろ、豊作の後、富を追求することをやめ、貯えたものを使って余生を生きていこうとしています。たしかに、「さあ休んで、食べたり飲んだりして楽しめ」（12・19）という自分自身への言葉には問題があるかもしれませんが、そもそも作物がたくさんとれた場合、それを無駄遣いせずに、将来のために蓄えておくこと（したがって、それをしまっておく大きな倉を建て直すこと）は、賢明な態度とも言えるのです。実際、わたしたちも、何かのときのために、常にある程度の蓄財はしておきたいと考えますし、そのようにしています。では、なぜこの人は叱責されたのでしょうか。

　その答えは、15節、20節、21節に散りばめられています。それは、この人（たとえに登場する金持ち、そしてイエスに頼みごとをした人）の心の中に、財産を第一にする考え方、あるいは財産に頼る姿勢があったからです。「人の命は、財産の多さによるものではない」(12・15)。「愚か者、今夜、お前の命は取り上げられる。そうすれば、お前が蓄えた物は、いったい誰のものになるのか」(12・20)。わたしたちは、このことをよく分かっているつもりでいます。しかし、それを金の亡者に当てはめはしても、わたしたち自身に当てはめようとはしません。たしかに、お金ばかりを求めるのは意味がない。しかし、お金は必要だし、やはりいざというときに頼りになるのはお金だ……。こんな考えが、しばしば無意識のうちにわたしたちの心に巣食っていて、いつの間にか、実際の生活では神よりも財産に信頼を置いているのです。自分が貯蓄をするとき、寄付や献金を求められるときの心の動きや感じ方を率直に見つめてみるとよいと思います。

イエスは、このたとえを非常に単純な結論で結んでおられます、「自分のために宝を蓄えても、神の前に豊かにならない者は、このようになる」(12・21)。つまり、自分のためにではなく、神の前に豊かになるようにとの招きです。イエスは、生きていくのに必要最低限な財産の場合と、余分な財産の場合とを分けてはおられません。生きるのに必要な財産については自分のために蓄えたり、使ったりしてもよいが、それ以上のものは神のため、人のために使いなさいということではないのです。必要であろうとなかろうと、常に神の救いの実現を中心に置いて、そのために財産を用いていくことが大切なのです。

最初にイエスに頼みごとをした人の言葉の中に、イエスは、無意識のうちに財産を第一に置いてしまう姿勢を見抜かれたのでしょう。だから、この人の願いを聞き入れず、逆に貪欲に注意するように命じられたのでしょう。ここで言う貪欲とは、意識しているか無意識なのか、また必要な財産かどうかを問わず、まず自分のために財産を取っておこうとする姿勢であり、その裏に隠された、神よりも財産に信頼を置く姿勢です。

わたしたちは「自分の」お金や持ち物をどのようにとらえ、どのように使っているでしょうか。見えない神よりも、目に見えて力のあるお金に頼ろうとする隠れた誘惑に気づいているでしょうか。まず、自分に必要かどうかではなく、神のこと、隣人のことを考えているでしょうか。自分に言い訳することなく、正直に反省してみましょう。こうしたことの中に、わたしたちの信仰のありようが映し出されているのですから。

実のならないいちじくの木のたとえ（ルカ13・6－9）

そして、イエスは次の喩《たと》えを語られた、「ある人が、自分のぶどう園にいちじくの木を植えておいた。ある日、その実を探しにいったが、一つも見つからなかった。そこで、ぶどう園の番人に言った、『三年このかた、このいちじくの木に実を探しに来ているのに、一つも見つけたことがない。切り倒しなさい。なぜ、土地を無駄《むだ》に使っているのか』。すると、番人は答えた、『ご主人さま、今年もう一年、このままにしておいてください。木の周りを掘って、肥料をやってみます。そうすれば、来年は実を結ぶでしょう。もしそれでもだめなら、切り倒してください』」（ルカ13・6－9）。

「ある人が、自分のぶどう園にいちじくの木を植えておいた」（13・6）。たとえは、このような言葉で始まっています。なぜ、ぶどう園にいちじくの木を植えていたのか、不思議に思う人がいるかもしれませんが、当時、ぶどう園の一角を使っていちじくを栽培するのは、よくおこなわれていたことのようです。

さて、この人、すなわちぶどう園の主人は、植えておいたいちじくの実を探しに来ましたが、実はなっていませんでした。そこで、主人は園丁にこのいちじくの木を切り倒すよう命じます。しかし、園丁は、あと一年待ってもらえるよう、主人に懇願します。たとえは、この懇願で終わっています。結論らしきものもなければ、説明もなされていません。このたとえを通して、いったい、イエスは何を言おうとしておられるのでしょうか。

人によっては、以下のような印象を受けるかもしれません。このぶどう園の主人は、ずいぶんと憐れみのない人だ。いちじくの木に実がなっていないからといって、切り倒せと命じるとは。それに比べて、いちじくのためにもう一年待ってあげてほしいと願う園丁は、なんと憐れみ深い人なのだろうか、と。

わたしたちはおうおうにして、ぶどう園にぶどうやいちじくを植え、育てるという行為を、ガーデニングのように草花を愛でることを目的とした行為と混同してしまっているようです。草花を愛でることが目的であれば、実を結ばなくとも自分が困ることはないでしょう。しかし、ぶどうやいちじくが実を結ばなければ、その人は生活の糧を得ることができずに、すぐに生活に困ってしまいます。実がなるかどうかは、農業にたずさわる人にとって死活問題なのです。

ですから、たとえに登場するぶどう園の主人にとっては、一年目に実がならないことだけでも大変なことだったはずです。ところが、このいちじくは続けて三年間も実をつけませんでした。本来であれば、すでに切り倒され、他の実のなる木が植えられているはずです。にもかかわらず、この人は三年間も待ち続けたのです。このことに、たとえの聴衆は驚きを感じたにちがいありません。

しかし、いちじくの木が実をつけないという事実に変わりはありません。いつまでもこのような状態を続けることはできません。三年もの間、待ち続けたのだ。そろそろ潮時だろう。ぶどう園の主人は、そう考えたのでしょうか。ついに、いちじくの木を切り倒すよう園丁に命じます。

ところが、さらに驚くべきことが起こります。園丁が主人の命令に従わないのです。そして、「今年もう一年、このままにしておいてください」（13・8）と懇願するのです。園丁がぶどう園の主人に対してどのような立場にあったのかは明確でありませんが、雇われていたにせよ、ぶどう園を借りていたにせよ、主人に対して強くものを言える立場になかったことは確かでしょう。主人の機嫌を損ねれば、園丁としての仕事を失ってしまうことにもなりかねないわけですから、園丁にとっても生活がかかっていたと言えます。しかも、次の年も結局実がならなかったとすれば、その責任は全面的に園丁が負わされることになるでしょう。どう考えても、園丁に益があるとは思えません。それにもかかわらず、園丁はぶどう園の主人の命令にあえて口をはさみ、いちじくの木を切り倒さないように懇願するのです。

通常の生活では考えられないような、実に驚くべきことが起きています。実をつけないいちじくの木は切り倒されて当然なのに、いや生活のことを考えれば、ぶどう園の主人はそうしなければならないはずなのに、切り倒そうとはしなかった。しかも、三年も待ち続けたということ。しかも、ついに主人が切り倒すことを決意すると、今度は、園丁がみずからの生活を賭していちじくを守ろうとしたということです。
イエスは、このいちじくの木のたとえを、実を結ばない、すなわち回心しない（できない）でいるわたしたち人間の状態に当てはめているようです。たとえの前のエピソード、特に3節と5節が、悔い改めや滅びについて述べており、6－9節のたとえがこれを受けて語られていることから（13・6、「そして、イエスは次の喩えを語られた」）、実を結ばないという表現が、悔い改めない状態を表していることは明らかです。

わたしたちも切り倒されて当然なのに、まだ切り倒されずにいます。そして、ついに切り倒されそうになると、すべてをかけてわたしたちを守ってくださる方がいるのです。たとえの中のいちじくの木が切り倒されないでいることに驚きを感じるなら、わたしたちは、切り倒されないでいる自分たちの状態にも、当然、同じように驚きを感じるはずです。

しかも、わたしたちはただ切り倒されずにいるだけではありません。園丁は、「今年もう一年、このままにしておいてください」と願った後、「木の周りを掘って、肥料をやってみます」と言っています（13・8）。それまでの三年間、放置していたとは考えられませんから、すでに実を結ぶためのさまざまな方策を実行していたことでしょう。それでも、さらに、でき得るかぎりのことをすべておこなおうとするのです。実を結ばないわたしたちを切り倒そうとするのではなく、そんなわたしたちでも実を結ぶことができるように、ありとあらゆることをおこないながら、待っていてくださる方がおられるのです。本当に驚くべきことです。

しかし、それがいつまでも続くわけではありません。園丁の最後の言葉は、「もしそれでもだめなら、切り倒してください」（13・9）というものです。そして、これはたとえの終わりの言葉ともなっています。わたしたちも実を結ばないなら、最後には切り倒されてしまうのです。しかし、それはあくまで「もしそれでもだめな」場合です。たとえは、わたしたちが、そうならないように、悔い改めて実をつけるように招いているのです。

今は、わたしたちにとって、憐れみのときです。本来なら切り倒されてしかるべきはずのわたしたちが、切り倒されるどころか、かえって実を結ぶためのあらゆる恵みを受けているのですから。だから、このときを無駄にすることのないようにしましょう。わたしたちの置かれている状態のすばらしさを驚きをもって受け止めましょう。そして、あふれんばかりの恵みに支えられて、豊かな実を結ぶ者となりましょう。

あとがき

本書は、月刊誌『家庭の友』に二〇〇一年から二〇〇五年までの五年間にわたって連載された原稿をまとめたものの第一巻です。連載中から、単行本化は頭の片隅にあったのですが、連載を終えて五年分の原稿をあらためて見直すたびに、文体や表現の統一をおこないつつ、単行本に組み上げていくことの難しさを感じ、先延ばしになっていました。その後も、何度か取り組んではみましたが、中途で挫折して実現に至ることなく、いつの間にか連載終了から十数年の月日が流れてしまいました。ところが、その間も、ありがたいことに単行本化を促す人が絶えることはありませんでした。著者自身はあきらめかけていたにもかかわらず、本書が出来上がったのは、こうした人々がいてくださったからにほかなりません。この場を借りて、心から感謝いたします。

単行本化にあたっては、以下のことを心がけました。

月刊誌での連載という性格上、生じていた重複箇所をなくすよう努めました。ただし、必要に応じて、たとえごとに切り離して読まれる読者のことも念頭に置き、重複していても、必要と思われる説明は残しました。

文体、表記などの統一を心がけましたが、五年間にわたる連載でもあり、当時の文体を尊重したところもあります。また、聖書の引用に関しては、原典の表記を全面的に尊重したため、聖書引用句とそれ以外の箇所における表記の統一は必ずしも一致していません。

連載のころは、『聖書　新共同訳』を用いましたが、その後、カトリック教会による日本語訳聖書、フランシスコ会聖書研究所訳注『聖書　原文校訂による口語訳』が二〇一一年に発行されましたので、本書ではこれに基づいて聖書引用文や関連する表現などを全面的に書き改めました。

連載時は、紙面の都合上、聖書本文を掲載することはできませんでしたが、本書では、フランシスコ会聖書研究所訳注『聖書　原文校訂による口語訳』の該当箇所を全文掲載しました。

また、五年間にわたる連載原稿を一冊にまとめようとすると、かなりのページ数になってしまうことから、気軽に手に取ってもらうことを願って、三巻に分けることにしました。今後発行される第二巻、第三巻もぜひお読みいただければ幸いです。

最後になりましたが、原稿連載時にご指示、ご教示くださった『家庭の友』編集部の皆さま、また単行本化にご尽力くださったサンパウロ宣教企画編集部と諸グループの皆さまに、あらためて感謝いたします。本書を通してイエスの言葉に秘められた救いの力が一人でも多くの人に伝わることを願いつつ。

二〇一八年六月八日　「イエスのみ心」の祭日

澤田　豊成

著　者　澤田　豊成（さわだ　とよなり）

聖パウロ修道会司祭
1965 年　東京都に生まれる
1994 年　聖パウロ修道会にて終生誓願宣立
1996 年　教皇庁立グレゴリオ大学神学部修士課程修了（聖書神学専攻）
同　年　司祭叙階
現　在　日本カトリック神学院、聖アントニオ神学院講師
　　　　各地で講座・講話などをおこなう

挿　絵　大島　節子（おおしま　せつこ）

新潟県に生まれる
東京純心女子短期大学生活芸術科卒業
イラストレーター

主な作品
『サクラソウのひみつ』（日本ユネスコ協会連盟）、『はじめのいっぽ』（あずきスタジオ）、『心豊かな子を育てる 39 のヒント』（PHP 研究所）、『聖フランシスコの小さき花』『幸せのヒント』（サンパウロ）ほか。

主《しゆ》は「たとえ」で語《かた》られた vol. 1

著　者――澤田　豊成
挿　絵――大島　節子

発行所――サン パウロ

〒160-0004　東京都新宿区四谷 1-13　カタオカビル 3 階
宣教推進部（版元）(03) 3359-0451
宣教企画編集部　(03) 3357-6498

印刷所――日本ハイコム㈱

2018 年 9 月 20 日　初版発行
2019 年 5 月 20 日　初版 2 刷

ISBN978-4-8056-3910-8　C0016